老いに親しむレシピ

年長者の作法

「老害」の時代を生きる50のヒント

礼法家
一条真也

主婦と生活社

はじめに

ここ数年は、コロナ禍のせいで誕生日を祝ってもらえなかった人も多いでしょう。誕生日を祝うとは、「あなたがこの世に生まれたことは正しいですよ」と、その人の存在を全面的に肯定すること。人間関係を良くする最高の方法です。

わたしは今年、60歳の誕生日を迎えました。世間では、60歳前後の年齢層のことを「アラカン」と言うようで、「カン」は「還暦」のカンです。ついに還暦を迎えて、〝年長者〟の仲間入りをしました。

わたしは、誕生日が来るたびに『論語』を読み返しています。『論語』では、60歳を「耳順《じじゅん》」といいます。「60歳になれば、人の言うことに逆らわず、素直に聞き入れることができる」という孔子の教えです。わたしは「耳順」を実践し、「従心」（70歳になれば、心のままに行動しても、人の道を外れない）への旅路を進んでいます。

ふだんのわたしは、冠婚葬祭業の会社を経営しながら、人間尊重の精神である「礼」や、それを形にした「作法」を重んじています。小笠原流の礼法家としても活動しています。これまで多くの魅力的な年長者の方々と出会い、学びを得た経験からも、この先の人生を豊かにするためには、「礼」や「作法」が必要であると痛感します。

一方で、世間では「老害」などという言葉が使われています。人は老いるほど豊かになる「老福」をめざせる、というわたしの考え方とは相容れません。社会はもちろん、年長者自身も老いを前向きにとらえることができなくなっているようです。

そこで、年長者が穏やかに、かつ毅然と生きる道を示すべく、この本を書きました。みなさまの「老福人生」の良きガイドブックになれば幸いです。

2023年9月18日・敬老の日に

一条真也

年長者のあなたが幸せに生きるコツ

『論語』の言葉、
〈後生《こうせい》、畏《おそ》るべし〉を
肝に銘じて、
人生の後輩からも
積極的に学ぶ。

➡ P34

なにかしてもらったら
年下の人でも
「ありがとうございます」
と敬語で伝える。

➡ P70

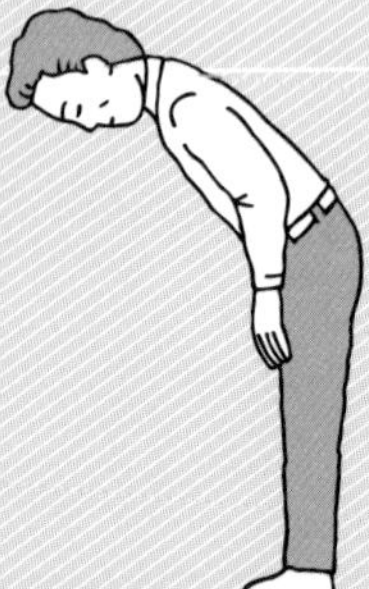

小笠原流の
「礼儀作法」の実践で
対人関係の摩擦を防ぐ。

➡ P80

「老害」の時代に、周りから批難されず

ご近所での
掃除や片づけで
良好な人間関係をほどよく保ち、
老後の新しい“縁”をつくる。

➡ P116、P142

年長者の
「老熟」や「老成」が
生きる趣味や娯楽を
見つけ、ネットも活用して
人間関係の輪を広げる。

➡ P148、P156

残りの時間を
どう生きたいか
「修活ノート」に書き残す。

➡ P174

目次

年長者の作法
「老害」の時代を生きる50のヒント

PART 2

年を重ねたからこそ実践したい！
年長者としての〝嫌われない〟ふるまい

PART 3
相手に不快感を与えないことが大切！
年長者は、「見た目」が9割

PART 4
若いころとは変わってくる!?
年長者にこそ必要な「対人関係」のコツ

PART 5

無理せず、気楽につながれる！
孤立を防ぐ「縁」のつくり方

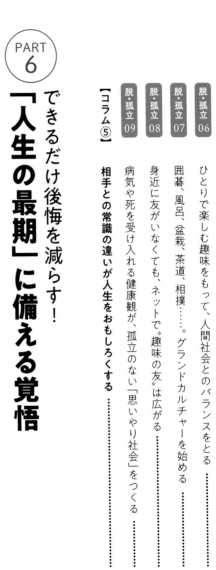

PART 6

できるだけ後悔を減らす！「人生の最期」に備える覚悟

STAFF
取材・構成・編集・本文デザイン・DTP組版／造事務所
執筆協力／いとうたいち
装丁／ソウルデザイン（鈴木大輔）
イラスト／田中斉
校正／株式会社 鷗来堂
「老いに親しむレシピ」シリーズ　プロデュース・編集／新井晋

PART 1

「老害」から「老福」へ！

老いれば老いるほど幸せになれる考え方

老害▶老福
01

お葬式への参列と長寿祝いが、「老害」から「老福」に近づく第一歩

一般に「老い」は、ネガティブなイメージに満ちています。「孤独になる」「体が思うように動かなくなる」「外見が魅力的でなくなる」「記憶力や頭の回転が鈍くなる」……。老いの現実を負の表現で説明する言葉は少なくありません。しかし、ものごとは見方を変えるだけで、ポジティブな印象に読み換えることも可能です。

世間で迷惑なふるまいをする高齢者のことを「老害」と呼びますが、往々にしてそう思われるような行為をする当事者には「自制すべきだ」という認識はありません。老いをネガティブにしかとらえられず、自らの老いの現実を受け入れられないことが

周囲とのズレを生み、無意識のうちにネガティブな行動につながるのでしょう。

老いが「害」（老害）になるのではなく、老いが「福」（老福）になるようにするには、まずは「老い」をポジティブに受け入れることで、老いの現実を受け入れやすくすることが重要です。

日本の神道は、「老い」を人が神に近づく状態ととらえます。神への最短距離にいる高齢の人間を男性なら「翁（おきな）」、女性なら「媼（おうな）」と呼び、7歳以下の子どもを神の子とみなし「童（わらし）」と呼ぶのです。人生の両端にあたる高齢者と子どもが神に近く、そのあいだが人間の時代といっていいでしょう。神道では、「老い」は価値をもち、お年寄りは尊敬される存在なのです。

アイヌの人びとは、高齢者の話す言葉がわかりにくくなっても、高齢者が神に近づき「神言葉」を話すようになったと考えます。これほど、「老い」をめでたいこととして受けとめる考えがあるでしょうか。「老い」とは、人生のステージを一段ずつ上がり、「翁」や「媼」として神に近づく「神化」ともいえるでしょう。

　　　　【PART1】老いれば老いるほど幸せになれる考え方

死を身近に感じ、死への恐怖心を和らげる

〈哲学とは、死のレッスンである〉。これは古代ギリシャの哲学者、ソクラテスの言葉です。「老い」の延長線上の先には「死」があります。つまり、「死」をしっかりと学ぶことが、「老い」への理解を深めて、老いをポジティブに読み換える能力を高められるともいえるでしょう。

「死のレッスン」の目的は、死を現実のものとして受けとめ、死に対する恐怖心を軽減することです。死への恐怖心は、年を重ねるごとに高まっていっても不思議ではありません。恐怖が大きいほど不安が募り、老いをポジティブにとらえられません。

「死のレッスン」の実践として、ふたつの方法があります。ひとつは、ほかの人のお葬式に参列すること。もうひとつは、自分の長寿を祝ってもらうことです。

ほかの人のお葬式に出ると、死を身近に感じます。自分の死を現実のものとしてイメージでき、死ぬ覚悟を深めていくことができるでしょう。

また、自分の「長寿祝い」をして、年を重ねる節目を祝ってもらうと、自分の死について深く考えられます。祝宴のなかで、死に向かって一歩ずつ近づいていることを実感し、ひとつの生物として必ず死ぬ運命を迎え入れる心の準備ができるでしょう。

還暦、古希、喜寿、傘寿、米寿など、長寿祝いは祝ってくれる人びとへの謝意を抱く機会にもなります。「翁」や「媼」となった自分がいずれ死を迎え、死後は神となって愛する人びとを守る決意を自然に与えてくれるに違いありません。長寿祝いは、「老い」から「死」へ向かう人間を励まし続ける心豊かな文化だといえるでしょう。

死を受け入れる覚悟が少しずつ固まり、死への恐れが和らぐ「死のレッスン」を繰り返し、老いをポジティブに読み換える心境に達すれば、憂いのない老後を送ることができるはずです。

年長者の作法

「死のレッスン」を重ねて、老いをポジティブに読み換える

老害▶老福
02

ベストセラー『老害の人』に学ぶ、"老害は老人にとっては薬"という考え

内館牧子さんの小説『老害の人』(講談社)が、近年話題となっていました。

80歳を過ぎた主人公の福太郎は、体力も気力も衰えていない元経営者です。経営は後継者に任せているものの、元気に出勤しています。たたき上げで会社を育ててきた自負があるため、同じ話を何十回としてみたり、若い社員に対して現役当時と変わらず接したりと、やりたい放題。福太郎の高齢者仲間も、思ったことをズバズバ言う、大昔の自慢話が止まらない、といったくせのある人ばかりです。

社会の一線から退いて、周りの見る目が変わったのに同じことをやっていると、そ

さまざまな「老害の人」

『老害の人』には、引退後も会社に居座る元経営者や、自作の俳句と水彩画をまとめた句集を周りの人に押しつける老夫婦、息子の高学歴を自慢する人、「死にたい」と口にして人の気を引こうとする人など、さまざまな「老害の人」が登場する。

の行為は「老害」とされます。フィクションなのでやや誇張して描かれますが、この小説の前半は「老害あるある」のオンパレードで、おもしろく読めます。実際、この本が共感を呼び、ヒットしたのは、友人や知人、家族のなかに少なからずこういう人がいるからでしょう。

ところがある日、福太郎は娘に「老害である」と強く批難されます。このあと福太郎は、「老人のために生きる老人」をめざし、仲間と新しいチャレンジに挑みます。「我々は自分のために何かをやる気はありません」という福太郎のセリフには、「利他」の精神が込められています。

この小説に登場する「老害は若い人には迷惑で、老人には生きてる証」「老害は若い人には毒、老人にとっては薬」のセリフは、たいへん印象に残りました。著者の内館牧子さんがこの本で伝えたかったのは、「**老害などない**」だと感じました。年長者自身が、老害であるかどうかを自ら気にする必要などないのです。

新しいことにチャレンジする時期がきた

いま社会には、「老人＝老害＝悪」というイメージがあるように思います。でも、老いても前向きに、使命感を持って生きるという考え方は正しいのです。「老害」という言葉を、必要以上に恐れる必要はありません。

娘に批難された福太郎は、「老害は個性だ」と啖呵《たんか》を切りました。スカッとする一言です。たしかに、**年長者の行為をその背景も理解しようとせず、頭ごなしに「老害」と批難することは、個性を重視する現代においてはNG**でしょう。

ただ、福太郎は娘に強く言われ「これからなんのために生きるのか」を考えました。行為が老害であることよりも、重要な気づきだと思います。本当に迷惑な老害にストップをかけられるのは家族しかいませんが、傷つくのがわかるために指摘することをためらいます。現実の世界では、自分が老害だと気づかない人は多いでしょう。

『年長者の作法』を手に取って読んでいるあなたは、本当に止めるべき老害とは何かに気づけるはずです。でも、もし自分が当てはまっても落ち込むことはありません。

もしも家族に、「それ、老害だよ」と言われるようになったら、だれかのために新しいチャレンジをする時期がきたかもしれないと受けとめましょう。人は、自分の幸せをいくら追求しても幸せになれませんが、そこに「他人を幸せにしたい」という思いやりが生まれたとき、初めて幸せになれるのではないでしょうか。

年長者の作法

家族に「老害である」とやんわり指摘されたら「これからなんのために生きるのか」を考える

老害▶老福
03

〝偏見〟の老害と、〝正義〟の老害。じつは、2種類の「老害」があった

高齢者の多くは、「自分は〝老害の人〟ではない」と思っているでしょう。迷惑行為をしているほかのお年寄りの姿を目にして、「あんな人にはなりたくない」と考えている人も多いと思います。

その一方で、「いずれ、自分も〝老害の人〟と後ろ指をさされるかもしれない」と、謙虚に考える人も少なくないでしょう。

お年寄りというだけで、老害のレッテルを貼る風潮が根強くあります。**〝偏見〟によって決めつけられる、いわれなき「老害」も、残念ながら確実にある**のです。

たとえば、運転免許証の自主返納をめぐる「老害」の議論は、その代表的な例です。息子さんや娘さんから「もう歳だから」と返納を勧められても、運転に自信があれば、首を縦に振らないでしょう。それでよいと思います。

交通網の発達している大都市圏と違い、地方は公共交通機関が未整備で、車がなければ、買い物にも病院にも行けません。免許を取り上げられたら、死活問題です。

警察庁が作成した２０２２年の「交通事故発生状況」という統計によると、高齢者の起こした事故は人口10万人あたりで65～69歳が約３００件、70～74歳と75～79歳がともに３００件台で、ようやく80歳以上になって４００件を上回るようになります。一方、16～19歳は１０００件を超え、20～24歳は６００件台と若者のほうが多く、お年寄りの事故が突出して多いわけではありません。

ですが、あくまであなた自身が危険な状況におちいらないために、息子さんや娘さんが心配して、免許証の返納を提案していることだけは忘れないでください。

「老害」と思われても仕方がない思考・行動も……

高齢者の個性や能力を考えず、ひとまとめに「老害」の烙印《らくいん》を押すのはよくありませんが、なかには、「老害と思われても仕方がない」という思考・行動があります。

「老害」の具体的な特徴としては、①人の意見に耳を傾けない、②怒りっぽい、③プライドが高い、④話が長い、⑤自分の価値観を押しつける、⑥年上というだけでいばる、⑦「最近の若者はだめだ」が口ぐせになっている、⑧時代おくれの価値観にしがみつく、⑨自分がまちがっても謝らない、⑩説教をしたがる、ことが挙げられます。

高齢者のなかには、自分のことを「絶対的な正義」と思いこむ人もいます。**自分に意見してくる人間を「なまいきだ」と切り捨てるのは、高齢者の凝り固まった〝正義〟に基づく「老害」**の思考です。怒りっぽいのも、それまでの人生で相手を威嚇《いかく》して抑えこんできた経験が影響しているのでしょう。人生経験の乏しい者は劣っていると決めつけがちな人、年上というだけでいばる人、「最近の若者はだめだ」が口ぐせの人、自分がまちがっても謝らない人、説教をしたがる人などにも同じ傾向がみられます。

話が長いのは、「自分の話は傾聴に値する」という傲慢《ごうまん》な考えに起因しています。自分の価値観を押しつける人には、相手との建設的な意見交換を通じて、よりよい結論を導くという発想が欠けてしまっています。時代おくれの価値観にしがみつくのは、思考が硬直化しているあらわれで、年功序列・男尊女卑信者に多くみられます。

このように「老害」には、〝偏見〟によるレッテルとしての老害と、〝正義〟が生み出す困りものの老害の2種類があります。前者に対しては、自分の考えを大事にしつつも、最終判断の前に周りの意見に耳を傾けたり、実際のデータを調べたりしてみてください。後者を避けるためには、自分の正義がほかの人にとっても正義なのかどうかを、つねに問い直す習慣が必要かもしれません。

年長者の作法

老害にならないよう気をつけることは必要だが、いわれなき「老害」もあるので委縮しすぎない

老害▶老福
04

時代に合わない自分をゆるして、“あわれな怒り”をコントロール

飲食店に入って、なかなか水が出てこなかったら、どう感じますか？　イライラして怒り出す人もいるでしょうし、気にせずのんびり待つ人もいるでしょう。「思うとおりにならないとすぐイライラする人は、『かくあるべし思考』に縛られている」と指摘したのは、高齢者研究の第一人者で、精神科医の和田秀樹氏です。

和田氏は著者『老害の壁』のなかで、「このようでなければならない」という固定観念から抜けだせない人は「学校で茶髪はいけない」「定時に退社するのは不謹慎だ」などと、ルールが時代に合わなくなっても前例に支配され、いつまでも守ろうとする

と述べました。

老害の特徴には「怒りっぽいこと」と「ひとつの価値観にしがみつくこと」も挙げられます。**極私的な価値観にしがみつくことこそが、怒りを生み出す原因**なのです。

ちなみに怒りをコントロールする心的トレーニング「アンガーマネジメント」の源流といわれるのが、仏教の開祖、ブッダが2500年前に編みだした「ヴィパッサナー瞑想法」。この瞑想法は、余計な雑念を消して集中力を高め、怒りを抑える効果があり、ミャンマーなどに浸透しています。ミャンマーでは、怒りっぽい人は「魂が身体から離れて宙を浮き、感情にブレーキをかけられないあわれな人」とみなされるそうです。

固定観念を捨てるのはなかなか難しいことなので、「怒りっぽいことは、あわれなことなのだ」とつねに認識しておくことが、「老福の人」になる近道です。

年長者の作法
「怒りっぽいことは、あわれなこと」――この認識をことあるごとに思い出すべし

老害▶老福
05

「孤立」は、老いの悪循環の始まり。拒絶ではなく、つながりを求める

高齢者が避けるべきことのひとつに、「孤立」があります。あなたが家にひとりで閉じこもりがちな高齢者だった場合、「世間から疎外されている」と思ってしまうこともあるのではないでしょうか。この気持ちがさらに高まり「孤立感」を強めることで、感情をコントロールできなくなってしまうこともあるようです。

日本はかつて、多世代の家族が同じ家に住んでいました。おじいちゃん、おばあちゃんの世代から孫の世代まで同居し、自然とコミュニケーションが生まれていたのです。

しかし、核家族化の進展で、家族の交流は薄れ、いまでは「おひとりさま」という

言葉に象徴されるように、核家族を通り越し、ひとり暮らしが主流になっています。

高齢になると、孤立しやすくなります。**ひとりぼっちになると、ますます意地を張り、孤独が深まる悪循環におちいります。**孤立は独善性と攻撃性につながる可能性があるのです。この悪い流れを断ち切らなくてはなりません。

行政サービスとして、民生委員らがひとり暮らしの高齢者宅を定期的に訪問する「高齢者見守り活動」が制度化され、地域によっては、お年寄りが集まってお茶や会話を楽しむ場を設けているところもあります。

あなたがもし、孤立を感じているとしたら、自宅を訪ねてきた民生委員と言葉を交わしたり、集いの場に顔を出したりして、地域とつながる初めの一歩を踏み出してみましょう。

年長者の作法

行政サービスなども積極活用して、人間関係を新たに築くきっかけを探す

老害▶老福
06

脳の老化は、「老害」の一因。前頭葉活性化のカギは「物語」

加齢にともなう脳機能の低下は、老害を引き起こす一因です。脳の前頭葉は感情や行動の司令塔で、それが老化して縮むと、感情をコントロールしにくくなります。前頭葉の萎縮は40代ごろには始まっているといわれます。

なにもしないと萎縮が進み、50代ぐらいから、がんこになる、怒りっぽくなる、思い込みが激しくなるといった傾向がみられるようになるでしょう。和田秀樹氏は『老害の壁』のなかで、これを「性格の先鋭化」と表現し、「がんこな性格の人はよりがんこになる」と書いています。

前頭葉は想定外のできごとに対処するときに活性化するので、毎日同じような生活を送るのを避け、なにか変化をもたせて脳の老化を防ぐことが大切。散歩を日課にしているなら、いつもと違うコースを歩いてみるだけで、前頭葉への刺激になります。

わたしは仕事の合間を縫って映画を観に行きます。映画館や作品が異なると、それまでとは別の刺激を受けます。映画にかぎらず、舞台や歌舞伎など、目の前で「物語」を鑑賞すると、作中のできごととともに自分の脳も「冒険」するため、自然と活性化されるのです。外出しない場合、読書やドラマ鑑賞でも、脳は刺激を受けます。

毎日、同じような生活を繰り返すうちにマンネリにおちいるのは、前頭葉を老化させる原因のひとつ。たくさんの「物語」に触れることは、時間に余裕のある高齢者にとって、うってつけの「脳の刺激薬」になるはずです。

年長者の作法

変わらぬ穏やかな日常も大事だが、散歩コースの変更や、「物語」の鑑賞もおすすめ

老害▶老福
07

加齢で悪化する自分の短所。自制しつつ、若者から学ぶ

「老害」と言われる行動・言動をしてしまう人は、お年寄りになってから急に人格が変わったのではなく、じつは若いころからそういう性格だったようです。

前の項目でお話ししたように、加齢によって性格の先鋭化が起こった結果、がんこな人はよりがんこになり、疑り深い人は一段と疑り深くなるなど、もともとの性格が激しさを増すことがあると、『老害の壁』で和田秀樹氏は指摘します。和田氏によると、これについての対処法は、自分自身の性格をよく知ること。たとえば、自分ががんこ者だな、という心当たりがあれば、これ以上ひどくならないように、自制することを

つねに意識できるようになれば、おのずと人の話にも素直に耳を傾けるようになっているということです。

逆に、自分自身の性格の短所を自覚できていない人は、年をとるほどに勝手なふるまいが増え、だれかに迷惑をかけたり、不快にさせる頻度が多くなったりしてしまうのです。

老害的な思考・態度・行動は、オーナー、社長など長い間権力をもっていた人、大学教授や医師、弁護士、政治家など、周りから「先生」と呼ばれていた人に多くみられるようです。一方で、客商売や営業職など、人に気をつかう仕事をしていた人は、そこまで傲慢《ごうまん》にはなりにくい傾向にあるようです。

高齢者のなかには、とても偉そうな態度でふるまう方がいます。しかし、**「偉い」とは、周りの人がそう思うか思わないかであって、自己評価によって決められることではありません。**

若い人からこそ学べることがある

〈後生《こうせい》、畏《おそ》るべし〉。古代中国の哲学者で、儒教の開祖の孔子の言行録である『論語』の言葉です。また、「負《お》うた子に教えられて、浅瀬を渡る」ということわざもあります。これらの言葉は、「**人生の後輩からも教わることはたくさんある**」という意味で使われています。

たとえば、若い人のＩＴ（情報技術）に関する知識の豊富さや対応力の高さは感心するばかりで、わたしも、パソコンやスマートフォンに関する新しい情報や使い方を教わることがあります。

また、若い人の発想が斬新《ざんしん》で、年長者には思いもよらぬアイデアが出されることも珍しくありません。映画がよい例です。わたしは毎年仕事の合間に映画鑑賞し、ブログにレヴューをアップしています（先日、７５０本を突破しました）。もちろん、ベテラン名監督の作品はすばらしいものが多いですが、わたしたちより若い作家や監督による名作も、いまや数え切れないほどあります。それらの作品から新たな視点、価値観を獲得することが、自分が積み上げてきた知識の裏づけとなる場合も、固定観念が壊されて感心する場合もあります。

２０１７年のアカデミー賞で監督賞など6部門を受賞した、「ラ・ラ・ランド」をつくったアメリカの映画監督のデイミアン・チャゼルはまだ30代です。わたしはこれをみて「傑作だ！」と確信し、若き天才映画監督の登場を喜びました。

若い世代にも年長者にも、よいところ、悪いところはあり、世代ごとに優劣をつけるのは愚の骨頂です。お互いに、学ぶべきことは学びあうべきです。「若者は経験が浅いから、無能だ」と思っている人がいるとすれば、それは明らかに「老害」のサインと受けとめてもらってかまいません。

年長者の作法

年をとったら自分の性格をあらためて深く自覚して、若い人から積極的に学ぶ

老害▶老福 08

老いとは、「ゆとり」を生む力。「時間的なゆとり」の浪費に注意！

「老い」とはなにか考えるとき、「ゆとり」という言葉が思い浮かびます。ずいぶん昔の話になりますが、わたしは1990年に『ゆとり発見』という本を著しました。

当時はバブル景気が崩壊し、世界の冷戦構造が消滅した時期でした。価値観の根本的な変革が求められ、物質的な豊かさから精神的な豊かさへのシフトを考えたとき、ゆとりというキーワードが出てきたのです。

『ゆとり発見』が世に出てから8年後、作家の赤瀬川原平氏の著書『老人力』がベストセラーになりました。わたしは、一読して「老人とは、根源的にたくさんのゆとりをもつ人である」と感じたのを覚えています。同書は当時としては画期的な老年論であり、『ゆとり発見』のはるかに先を行くものだと思いました。赤瀬川氏の著作を読み、**「老人力」とは、ゆとりを生む力**であると気づかされたのです。

内閣府の統計によると、2022年時点の個人金融資産残高は2023兆円で、そのうちの9割を超す額を60歳以上の高齢者が保有しています。さまざまな経済事情はあるかと思いますが、若い人に比べると、経済的にゆとりのある人は多いのではないでしょうか。

老後になると、「時間的なゆとり」も生まれるかと思います。それは「暇」とも呼ばれますが、病院の待合室やスーパーのフードコートがお年寄りの「暇つぶし」の場になっているのは、周知の事実です。

老人になってから生まれるさまざまなゆとりは、当たり前ですが、悪いものではありません。このゆとりをどのように生かすかを考え、行動してみることが、残りの人生を豊かなものにする鍵となります。

もっとも重要なのは「時間的なゆとり」

ゆとりのなかで、最も重要なのは、「時間的なゆとり」だと思います。

〈人生は短いのではなく、浪費しているのだ。最後に本当に時間が必要になったとき、まだあると思っていた時間が、とっくになくなっていたことを知る〉。

古代ローマの哲学者のキケロは自著『人生の短さについて』で、このように時間の大切さについて力説しています。

経済的なゆとりには個人差がありますが、**時間的なゆとりは、人によって寿命の違いはあれ、基本的には年をとればつくれるもの**です。

古代ギリシャの哲学者アリストテレスは「レジャー、幸福、知識の蓄積の3つが人生の目的である」と説きました。その3つのなかでも、「レジャーは、幸福と知識の蓄積の必要条件」と、レジャーを基本に据えています。

ギリシャ時代にレジャーという概念があったのかと疑問に思ったことがあり、レジャーの語源を調べてみたところ、「仕事や勉強から解放された自由時間」という意味がありました。

アリストテレスは、代表的な著書『ニコマコス倫理学』『政治学』のなかで、その自由時間の過ごし方について、①疲労回復としての休息、②気分転換、③余暇の追求、の3つに分類しています。これらはまさに、高齢者にとっての「時間的なゆとり」の生かし方といえるでしょう。

人は老いるほど豊かになることができます。「ゆとり」は、いかに人生を楽しみ、いかに自己表現できるかという生き方のキーワードになるのです。

ゆとりについて考えることは、「幸福な老後」について思考することにほかなりません。

年長者の作法

「時間的なゆとり」を浪費せず、その自由時間を豊かに生かす

老害▶老福
09

年長者となったあとの人生は、“本当の自由”をつかむ期間

あなたは、これまでの人生で、多くの社会的な責任を果たしてきました。保険料や税金を納め、仕事で成果を上げたり、後輩を育ててきたりしたことでしょう。もちろん、家庭でも、夫として、妻として、親としてがんばってきたと思います。

ここから先は、あなたがあなた自身の自由をつかむ期間が始まります。でも、自由の意味をはきちがえると、あっという間に「老害」に成り下がってしまいます。

本当の自由とは、だれに遠慮することなく「自分らしく好き勝手にふるまうこと」ではありません。相手がいる場合に、自分らしくふるまいすぎるのは、迷惑行為にあ

たる危険性があります。「自分らしくふるまう」とは、あなたの経験や性格に基づいて行動することです。相手はそれを全面的にゆるしてくれるでしょうか？　あなたの「自分らしい」自由な言動によって、嫌な気分になる人はいないかを、いったん立ち止まって考えてみましょう。

もちろん、相手がおらず、ひとりで楽しんだり新しいことに挑戦したりするときは、「自分らしく」自由に考えればよいでしょう。

本当の自由とは、これまで以上に多くのものの見方、考え方を受け入れて、「自分らしさ」にとらわれないことだとわたしは考えています。さらに、勝ち負けや損得も度外視する姿勢が加われば、周囲からもうらやましがられる〝本当に自由な生き方〟ができるでしょう。

年長者の作法

本当の自由を手に入れるために、「自分らしさ」からの解放をめざす

老害▶老福
10

「終活」より「修活」を！「修める」覚悟が、人生を美しくする

厚生労働省の「令和4年簡易生命表の概況」によると、令和4年時の60歳の男性の平均余命は23・39年、女性は28・84年です。平均余命とは、平均であと何年生きられるかを示した数字で、60歳にこれを足せば寿命がみえてきます。男性は80歳を超え、女性は90歳に迫っており、「人生100年時代」という表現はけっして大袈裟《おおげさ》ではないことがわかると思います。

その20年以上の余命のなかでやるべきこととして、「終活」が挙げられるようになってずいぶん経ちます。多数の犠牲者を出した2011年の東日本大震災のあと、老若

男女を問わず、「生は永遠でなく、必ず人生の終焉《しゅうえん》が訪れる」ことを肌身で感じる機会が増えたためだといわれています。

多くの高齢者は生前から葬儀やお墓の準備をするようになり、「終活」をテーマにしたセミナーや講演会へ参加する機会も増えているといいます。人生の最期について書きしるし、遺族への思いを残す「エンディング・ノート」や、その書き方についての書籍の売れゆきも好調です。

そんなブームのなかで、わたしは「終活」という言葉に対して、強い違和感をもっており、「いかに自分の人生を修めるか」という視点に立ち、「終活」ではなく、「修活」という言葉を提唱しつづけています。

かつて日本人は、修業、修養、修身、修学といった言葉に象徴されるように「修める」ということを深く意識していました。これは自分の人格や行ないを正しく整えるという一種の覚悟といっていいでしょう。しかし、いまの日本人は、この「修める」覚悟を忘れてしまったように思えてなりません。

老年期は実りの秋

古代中国の思想では人生を四季にたとえ、当時の世界観にあたる「五行説」にならい、各季節に色を与えました。

幼少期を表す「冬」には黒を示す「玄」をつけ、青年期の「春」には「青」、壮年期の「夏」には「朱」、老年期の「秋」には「白」を足し、それぞれ「玄冬」「青春」「朱夏」「白秋」と記しています。「白秋」は実りの秋のことで、つまり老年期を人生の収穫期である、と表現しているのです。

南宋の官吏、朱新仲《しゅしんちゅう》は人生のグランドデザインとして、「五計」を説きました。「生計」「身計」「家計」「老計」「死計」の5つです。

「生計」とは、人生をいかに元気で送るかを考えることを示します。「身計」は、いかに身を立てるべきか、「家計」は、一家をいかに維持するかを思案することです。

「老計」は、いかに年をとるべきかを問いかけています。ただ老いるのではなく、それまでの経験や知識の蓄積など、老いた者しかもちえない価値を生かし、若い世代の手本となるように年を重ねるべきだと説いているのでしょう。

「死計」は、いかに死ぬかにほかなりません。死期が迫っても、悔いのない立派な人生を歩んだと自省でき、残された人びとからも愛と尊敬の気持ちを注がれながら臨終を迎えられるよう諭しました。

「老計」のみならず、「死計」までをも人生設計に組み入れた朱新仲の考えの深さには驚かされます。

「老い」と「死」までを含んで、初めて「人生」が完成することを指し示した「五計説」は、まさに「どう人生を修めるか」の「修活」の真髄をあらわしているといえるでしょう。

年長者の作法

「老い」も「死」も、しっかり修める。
その覚悟が老害を遠ざけ、人生を美しくする

老害▶老福
11

古代中国も江戸時代も「好老社会」。老いの肯定で「老福」の社会に！

「団塊の世代」という言葉を生んだ作家で初代経済企画庁長官の故堺屋太一氏は、高齢者を尊重する社会を「好老社会」と名づけました。一方で、お年寄りを軽んじ、若い世代を大事にする社会を「嫌老好若社会」と呼んでいます。

江戸時代の日本は「好老社会」でした。当時の日本人の平均寿命が30歳前後といわれるなか、江戸幕府を開いた初代将軍、徳川家康は75歳まで生きました。75歳は現代なら100歳ぐらいに匹敵する長寿です。家康は、「老い」に重きを置き、幕府の組織づくりでも、将軍に次ぐ要職に「大老」の肩書をつけ、そのすぐ下を「老中」と呼びました。全国の諸藩も、おおむね藩主の次に「家老」を置いています。

古典落語ではおなじみですが、江戸時代の町人も横丁のご隠居を尊敬し、なにかと知恵を借りました。商人の旦那衆も若くして隠居し、コミュニティの中心的役割を担いました。この時代の人びとは、**老いは衰退ではなく、人間的完成**とみていたのです。

現代日本は「嫌老好若社会」

さて、現代の日本は、江戸時代と変わらず、「好老社会」といえるでしょうか。残念ながら、答えは「ノー」です。江戸時代の終わりから150年以上が経ち、「嫌老好若社会」に転換したように思います。高齢者は、「社会活動の役目を終えた者」とみなされ、世の中の主役の座を明け渡すよう社会から無言の圧力を受けています。

「嫌老好若社会」は、近代工業社会に突入した戦後の高度成長期に本格的に生まれました。近代工業社会は「物財の供給増加こそ人間の幸せ」と考え、大量生産・大量消費を経済活動の主流に押しあげたのです。そのため、素早く反応できる運動神経や長時間労働に耐えられる体力、新技術を速やかに覚える記憶力にたけた若者が重宝されました。

また、個性のない規格品が大量生産されたことで、モノに対する愛着が湧かず、使い捨ての風潮が広まりました。使い捨ての風潮が、年長者を大切にしない意識を助長させた側面は否定できません。**年長者をないがしろにする価値観が、〝偏見〟に基づくいわれなき「老害」のレッテルを貼《は》る風潮を生む一因**になったと思います。

高度成長期にはまだ「老害」という言葉はありませんでしたが、「老人はがんこで迷惑」と決めつけるムードは間違いなくあったでしょう。

「老害」のなかには、たしかに年長者自身の凝《こ》り固まった正義感に起因し、周囲に批判されてもやむをえないものもありますが、時代や社会が生み出す偏見による「老害」もあります。それらの責任を年長者だけに負わせるのは酷です。

高度成長期で加速した「嫌老好若社会」は、現代に引き継がれ、年長者をネガティブにとらえる意識は社会に根強く残っています。ただ、救いなのは、高度成長期から

50年がすぎ、世の中の価値観も変わってきたということです。

リデュース（ゴミ減量）・リユース（再使用）・リサイクル（再利用）をあらわす「3R」という言葉がすっかり社会に浸透したように、使い捨ての時代は過去のものになり、モノを大事にする価値観が定着しました。紛争や差別、貧困など地球上のあらゆる課題を解決し、世界が長く発展しつづける目標を掲げた「SDGs（持続可能な開発目標）」も国連で採択され、世界的な潮流になっています。

こうした新しい価値観は、「人もモノも新しいほうがいい」という古い考えと決別しています。豊富な知識と経験をもつ年長者が再評価され、世代を超えて年長者が尊敬される「好老社会」が再来する気運がみてとれ、期待感が膨らみます。いつの日か、「老い」が再び肯定され、「老福」の社会に変わっていくことを期待しています。

年長者の作法

「老い」は衰退ではなく、人間的完成。
「老福」の社会が、ニッポンを「幸福」にする

コラム①

古代エジプトの高齢者は“賢者”だった

紀元前の古代エジプトで死者の遺体とともに埋葬された『死者の書』や、国王・王族の墓のピラミッドからは、死者への敬意がくみとれます。
「好老社会」の源流を探し求めると、ここにたどりつきます。古代エジプトにおいて、賢い高齢者は知恵の宝庫、技術の継承者として敬われました。

現存する壁画の多くには、ひとりの老人の周りに何人もの若者が集まるようすが描かれています。お年寄りがブドウを摘んだり、水を怖がるロバに川を渡らせたりしようとする姿を、若者らが見ているのです。若者が高齢者を人生の師として尊敬していたことがわかります。老人は「弱者」だからいたわられるのではなく、経験と知恵をもつ賢者として尊ばれたのです。ちなみに「老人の杖」と呼ばれる警察官もおり、「あそこの家ではお年寄りが家族にいじめられている」と聞くと、その家に乗りこみ、加害行為をした家族を木の杖で罰したそうです。

PART 2

年を重ねたからこそ実践したい！

年長者としての〝嫌われない〟ふるまい

ふるまい
01

「きみ」や「あなた」ではなく、格差ゼロの「さん」付けで名を呼ぶ

ふだん、年下の人と話すとき、その相手をどのように呼んでいますか? 名前がわかっていたとしても、「きみ」や「あなた」といった呼び方をしていないでしょうか。

年上の人に対して敬う気持ちをもっている人でも、自分の名前を覚えていないような年長者から「きみ」や「あなた」と偉そうに呼ばれてなにかをお願いされたら、快く思わないのは当然です。

どんな相手とも、しっかり目線を合わせて上下関係を感じさせないように話ができれば、年齢によって立場に格差が生まれているといった傲慢《ごうまん》なイメージを相手に与え

ずに済みます。

わたしは、「**名前は最小の文芸作品である**」と思っています。日本人は、5・7・5の17文字でつくられる俳句、5・7・5・7・7の31文字でつくられる短歌のように、詩歌の「かたち」を共有しています。

当然、名前はそれらよりも短いものです。しかし、人の名前を付けるという行ないには、文芸作品を創作することと同じような苦労がともないます。

なぜなら親は、子どもに「こう成長してほしい」という願いを数文字のなかに込めようとするからです。

先祖や自分の名前の一部や、子どもが生まれた季節、「真」「善」「美」などの普遍的な価値をあらわす文字を入れるなど、納得するまで考えて、ようやくひとつの名前を決定します。

このプロセスは文芸の創作と同じものですし、これによって作品にも名前にも、強い願いや言霊が宿っているのです。

名前を呼んで、相手への思いやりを示す

人間にとって、もっとも目に心地よいものは自分の姿だといわれています。自らの容姿に自信がない人でも、自分が写った写真や鏡に映る自分の姿などは、目にとって最高のごちそうになるというのです。

これを、耳に置きかえてみます。耳にとってごちそうにあたる音声情報を考えてみると、それは自分自身の名前になります。

もし年長者であるあなたが、会う相手の名前をあらかじめ知っているのであれば、きちんと名前で呼んでください。それが「礼」、すなわち「人間尊重」の基本です。対象は問いません。家族や友人、ご近所さん、町内会やマンションなどでの集まりなどでも同じです。

自分から、なにかの作業、家事などをお願いするタイミングであれば、必ず相手を名前で呼び、「〇〇さん、お願いします」とていねいに伝えるべきです。

性別や年齢に関係なく「さん」を付けて、きちんと名前で呼びかければ、相手を尊重しているということが、しっかりと伝わるのです。

逆に、ふだんから相手を呼び捨てにしたり、名前を呼ばずに声をかけたりしていると、勝手に相手が自分より劣っているというような錯覚が無意識的にも大きくなってしまい、態度も、より尊大で傲慢になっていってしまうのです。

言葉づかいとは、すなわち心の表現にほかなりません。相手のことを、親の願いが込められた名前で呼ぶことで、縁が深まり、よりよい人間関係を築いていくための第一歩となります。

年長者こそ、日ごろから相手に対する思いやりの心、相手を尊重する気持ちを、態度で示しつづけることが大切なのです。

年長者の作法

年下の人であろうと、「さん」付けで相手の名前を呼ぶ

ふるまい
02

リタイア後の新たな人間関係は、"率先したあいさつ"で築く

あなたは朝、ご家族に「おはようございます」と言っていますか。食事のとき、「いただきます」と声に出して、感謝の気持ちをあらわしているでしょうか。

すべての人間関係の基本は「礼」にあります。若い世代の手本となるべき年長者こそ、心得ておきたいことです。東洋思想の第一人者、安岡正篤《やすおかまさひろ》は、「本当の人間尊重は礼をすること。お互いに礼をすることから、すべては始まる」と述べました。

沖縄では、あいさつのことを「要《かなみ》」といいます。あいさつが人間関係を築く「要《かなめ》」であることをあらわしているのでしょう。

わたしは、幼少のときよりあいさつの基本として、**①おはようございます、②行ってきます、③ただいま、④いただきます、⑤ごちそうさま、⑥おやすみなさい、⑦ありがとうございます**、は必ず言うようにと父から教えこまれました。なにげない日常でのあいさつこそが、家族の心を結びつけ、なごやかな家庭をつくりだす土台になるということです。わたしはこの教えを受け継ぎ、ふたりの娘にも伝えています。

あいさつは人間関係をなめらかにする潤滑油で、初対面の相手の心も開いてくれます。年を重ねて、仕事をリタイアすれば、家にいる時間も多くなり、近所づきあいも増えます。コミュニケーションの相手も家族や地域の人が中心になり、新たな人間関係も生まれてくるはずです。そうしたときも、率先してあいさつの言葉を発すれば、よい人間関係を保つことができます。

年長者の作法　家族にも、ご近所の人にも、率先してあいさつする

ふるまい
03

人間関係が狭く、薄くなるからこそ、心がけたい3つの会話術

人間関係の問題とは、つまるところコミュニケーションの問題です。人間同士のコミュニケーションの手段のなかで最も大切なのは「会話」でしょう。会話のないところに、いい人間関係は存在しません。社会とのかかわりが多い現役世代と違い、人間関係が狭く、薄くなる高齢者世代だからこそ、他者と交わされる会話は人間関係の広がりと深みを保つために重要な手段になるでしょう。

年長者は会話の際、3つのことを心がけてください。ひとつ目は、**必ず相手の目をやさしく見つめながら話を聞く**こと。ふたつ目は、**相手の話には必ずあいづちを打つ**

こと。３つ目は、**自分が話すときには意見ではなく、質問のスタイルを取る**ことです。

それぞれ詳しくみていきましょう。ひとつ目では、相手の目を見つめたら、表情にほほえみを浮かべてください。相手をばかにしたようなヘラヘラした表情ではなく、穏やかなほほえみです。

ふたつ目で言いたいのは、あいづちの力はとても大きいということです。あいづちは「話し手に自分が聞いていることを知らせる」「話し手を集中させ、乗せる」「話をリズミカルにする」「自分の関心や興味がどこにあるのかを話し手に確認させながら話させることができる」など、さまざまな効果があります。

気をつけたいのは、あいづちをワンパターンにしないことです。あいづちの名人は、「はい」や「ええ」だけでなく、「うん、うん」「そう」「そうなの？」「そうなんだ！」「へえ」「ほんと？」「それで、それで」「すごいねえ」「信じられない」など、じつに多くのセリフを使い分けています。相手をほめる言葉をまぜると、さらに相手は饒舌《じょうぜつ》になるでしょう。

聞き上手になれる魔法のあいづち

相手の話に耳を傾けることが仕事のカウンセリング業界では常識になっていることですが、だれでも聞き上手になれる魔法のあいづちがあります。

「それは大変ですね」「それは複雑ですね」「そこのところを、もう少し詳しく」の3つです。これらには、聞き上手になるための基本にあたる「受容」「傾聴」「共感」「感情の反射」の4要素が入っているのです。いかなる問題であろうと、この魔法のあいづちを会話にはさめば、相手は自分が理解されていると感じ、あなたに好感を抱き、どんどん本心を語るようになるそうです。

機会があったら、家族や友人に試してみてください。相手に満足するくらい話をしてもらい、心が開いた状態になったら、「では、わたしの話も少し聞いていただけますか」というふうに流れをもっていくことが、人間関係をよくする会話のコツです。

また、あなたが自分の意見を言うとき、年長者として経験値が豊かなために、「わたしはこう思う」と断言してしまうことも多いかもしれません。こういうときは自分の意見を伝えたうえで、最後に「わたしは、こう思うのですが、いかがですか？」というふうに付け加えて、相手に質問してみてください。

相手が同意してくれれば「あなたのお考えは正しいですよ」とか、「わたしも同意見ですよ」と言われますし、相手が反対意見を言うとしても、角が立たず、人間関係を損なうことはありません。

ただし、いくら質問の形を取るにしても、自慢話だけは絶対にしないよう心がけましょう。「わたしって、世間的には成功者の部類に入るんですかね？」といった質問は、当然ながらご法度《はっと》です。人間にとって、一番聞きたくないのは他人の自慢話だということを忘れないでください。

年長者の作法

人間関係の広がりと深みを保つために、現役世代だったとき以上に「工夫した会話」を心がける

ふるまい
04

普通語と尊敬語の使い分けは、年長者にこそ必須の作法

みなさんのなかに、どうしても人間関係がうまくいかない人がいるとしたら、周りの人に対して正しい言葉づかいをしているのかどうか、よく考えてみてください。

古代から日本では、自分の意思や感情をダイレクトに言葉に出すこと、つまり「言いたいことだけを言う」行為は、よくないものとみなされました。

たとえば日本最古の書物『古事記』のヤマトタケルノミコトの伝承を見てみると、彼が岐阜、滋賀両県にまたがる伊吹山に登ったとき、白イノシシの姿で現れた山の神に向かって、深く考えずに「これは神の使者であるから、帰りに殺そう」と言ったそ

うです。そのため彼は神の祟《たた》りにあって、ひどく苦しんだといいます。

人間は言葉によって、ものごとを考え、自分の考えを伝え、感情を表現し、他者とコミュニケーションをとります。なにげない言葉でも、人間性があらわれてくるものです。どんなに身だしなみや立ち居ふるまいが立派でも、言葉づかいひとつでそれが壊され、相手に不快感を与えたり、傷つけたりします。

最近の若い人たちの言葉には、新語やカタカナ語がつぎつぎと出てきます。年長者が聞いても、なんのことか理解に苦しむことも珍しくありません。

「日本語の乱れ」が叫ばれて久しいですが、年長者からすると、いまの若者のあいだの言葉は乱れを通り越し、完全に「信号化」「記号化」してしまった印象すら抱きます。

良好な人間関係を保つために、最低限必要なのが、普通語と尊敬後の使い分けです。言葉づかいで悪い印象をもたれないために、年長者として身につけたい必須の作法です。普通語は、気のおけない家族や友人に使用し、尊敬語はそれ以外の人に使います。

それほど親しい関係性でないなら、年上の人だけでなく、自分より年下の人にも、尊敬語を用いるとよいでしょう。

両者の代表例としては、（普通語→尊敬語の順で）「する→なさる」「いる→いらっしゃる」「来る→おいでになる」「言う→おっしゃる」「食べる→召しあがる」「見る→ご覧になる」「聞く→お聞きになる」などが挙げられます。

要するに、**年長者だからこそ、相手の立場を考え、思いやりをもって、美しく、ていねいな言葉づかいを実践することが大切**なのです。

美しい言葉づかいが大切な理由

言葉づかいで注意すべきことは、無神経でがさつな言葉を使わないことでしょう。

フランス文学者で、名エッセイストとしても知られる河盛好蔵《かわもりよしぞう》は、人間関係を論じた不朽の名著『人とつき合う法』を世に出しました。そのなかで、芥川龍之介が自殺したときのエピソードを紹介しています。

芥川の友人で詩人・俳人の久保田万太郎が、彼の死を同じ友人である作家の水上滝《みなかみたき》太郎《たろう》に電話で知らせたときの話です。水上は突然の訃報に驚き、とっさに「自殺ですか」と聞き返すと、久保田は「はい、薬を飲んだのです」と答えたそうです。その言葉を聞いた水上は「自分は『自殺』という直接的な言葉を使い、なんとがさつ人間なのだろう。久保田君はやんわりとした表現にとどめ、言葉に敏感な人だ」と思ったといいます。

河盛はこの話に触れ、「相手の気持ちやその日の虫のいどころを察して、傷つける言葉を避けることは、ちょっとした注意でだれでもできる」と述べました。

言葉は使い方によって、相手を傷つける刃にもなれば、耳へのごちそうにもなります。こちらの心に思いやりがあり、相手を尊重する気持ちがあれば、言葉づかいも自然とていねいになるのです。

年長者の作法

なにげない言葉でも、人間性があらわれてくるもの。言葉は相手の立場を考え、思いやりをもって使う

ふるまい
05

「ご苦労さま」と「お疲れさま」。年下の人にも後者を使う

「ご苦労さま」と「お疲れさま」は、ともに相手をねぎらうときに使用する代表的なあいさつです。一見、同じ意味のように思えますが、じつは使い方は大いに違います。

一般的に、**「ご苦労さま」は目上の者から目下の者へかける言葉で、反対に「お疲れさま」は目下の者から目上の者へ用いる言葉**とされています。

もうかなり昔のことになりますが、わたしは38歳で社長になりました。創業者である父の後を継いだ二代目ですから、当然、社内にはわたしより年長の社員がたくさんいました。

最初は、わたしより年上の社員には「お疲れさまです」、年下の社員には「ご苦労さま」と使い分けていましたが、そのうち、すべて「お疲れさま」で通すようになりました。新入社員に対しても等しく「お疲れさま」と声をかけています。社長も新入社員も人間としては平等ですから、それでいいのではないかと思ったのです。

高齢になってからの、ふだんの人間関係においても同様です。年を重ねるほど、年下の人が増えてきますが、人間としてはみんな平等です。

近所づきあいのときは、なおさら、すべての人に「お疲れさま」を使うよう心がけてください。みなさんも、資源回収や公園の草むしりなど、地域活動に参加する機会があるでしょう。参加者のなかには、年下の人もいると思いますが、その人にも「お疲れさま」と声をかけ、お互いに労をねぎらい合いたいものです。

年長者の作法

地域活動の際も「お疲れさま」と労をねぎらい合う

ふるまい
06

話が長いのは「老害」の始まり。話題をしぼってユーモラスに

わたしは仕事柄、人前で話す機会が多くあります。そのとき、**①短くまとめる、②話題をしぼる、③おめでたい席ならユーモラスに、**の3つを大切にしています。

元イギリス首相で、スピーチの名手といわれたチャーチルは「スピーチは最初の10秒間が大事」という言葉を残しました。「はじめの10秒間に結論を言うと、聞き手の印象に残る」と言っています。わたしも、チャーチルの教えの実践者で、もっとも伝えたいことをスピーチの冒頭と最後に織りこむ「サンドイッチ式」を活用しています。

古代中国の思想家である孟子は著作『孟子』の「公孫丑章句《こうそんちゅうしょうく》」のなかで、「言って

はならない言葉」として「詖辞《ひじ》」「淫辞《いんじ》」「邪辞《じゃじ》」「遁辞《とんじ》」の4つを挙げています。

「詖辞」は自分の都合のいい、かたよった理屈のことで、「その人は心の一方が蔽《おお》われ、ものごとの一面しか見えない」と語りました。「淫辞」は根拠のないでたらめな言葉で、「その人の心がなにかに惑わされ、迷いがある」と説きます。「邪辞」はよこしまな言葉で、「その人の心が正しいことから離れている」と述べ、「遁辞」は逃げ口上のことを指し、「言い逃れによって、その人の心が行きづまっている」と言いました。

人前で話すときに肝心なのは、聞き手を不快にさせないことです。自分の話したいことより、相手が聞きたいことを優先してください。「話が長い」のは、自分の話したいことばかりに気が向いている傲慢《ごうまん》さのあらわれです。話すときは聞き手の立場に立ち、相手が心地よく聞けるように心がけましょう。

年長者の作法

相手が聞きたいことを、聞きやすいように話す

ふるまい
07

席は譲られて当たり前？高齢者の特権意識を捨てる

「客商売の従業員にいばるやつは、バカ中のバカ」だと言ったのは、タレントで映画監督の北野武氏です。従業員が低姿勢で接遇する立場に置かれていることをいいことに、横柄な態度をとる人は、高齢者に多い印象があります。客だから、お金を出しているからという理由で、偉そうにしていいわけがありません。

客にサービスを提供している従業員も、対等です。弱い立場の相手を見下すのは、「老害」の特徴のひとつです。「お客さまは神様」という価値観は、昔も今も誤りです。

電車やバスなどの公共交通機関でも、似た光景を目の当たりにすることがあります。

若い人から席を譲られても、平気な顔をして、お礼も言わない高齢者を見かけたことがあるでしょう。「席を譲られるのは年長者の特権」と勘違いしているのかもしれません。年齢に関係なく、つらそうにしている人がいたら、だれかが席を譲るべきです。

もし、**席を譲ってもらったら、必ずお礼を言い、謝意を伝えましょう**。

お礼の言葉は「ありがとう」では不十分です。敬語で「ありがとうございます」と言ってください。座席に腰かけている若者の正面に仁王立ちし、「席を譲れ」と言わんばかりに相手を凝視するのもいけません。

時折、車内で大きな声で話している高齢者にも遭遇します。走行音が大きく、耳が遠いので、どうしても声が大きくなるという側面もありますが、公共の場で会話する際は、自分の声が自覚しているより大きいことを忘れないでください。

年長者の作法

席を譲ってもらったら、相手が年下でも「ありがとうございます」

ふるまい
08

不審者と遭遇したときに、年長者にこそできること

2006年に「サンダーバード事件」という悲惨なできごとがありました。

JR北陸線の特急列車サンダーバードの客車内で、乗客の当時21歳の女性が、偶然乗りあわせた30代の男に車内トイレに連れこまれ、暴行されたのです。女性は座席から引きずりだされ、大きな声で助けを求めました。車内にはふたりのほかに、40人ほどの乗客がいたらしいのですが、なにもせずに傍観していたそうです。

わたしは、この事件を聞き、同じ日本人として情けなくなりました。身をていして止めるのは難しかったとしても、せめて乗務員を呼びだすことはできなかったのか、

と絶望感に浸ったことを覚えています。

車内など公共の場で、迷惑行為をする人を見かけることがあります。このとき、体力や腕力の落ちている高齢者がひとりで立ち向かうのは危険なので、基本的には慎重な行動を取ってほしいと思います。

かといって、見て見ぬふりをするのも感心しません。**「果敢な行動」と「傍観」のあいだの答えが、ほかの人との「協力」**です。周りの人たちと協力して、乗務員に連絡したり、携帯電話で警察に通報したり、制止を図ったりすることは可能です。

緊迫した局面で行動を起こすのは、年を重ねたとしても、とても難しいことです。だからこそ、知識や経験が豊富な年長者としてできる方法を考え、困っている人や理不尽な目に遭っている人がいれば、できるかぎりサポートしましょう。

年長者の作法

緊急時こそ、身近な人と協力し、状況を打開するためのサポートをする

ふるまい
09

「耳順」「従心」世代のあなたは、ユーモアで若者を笑顔にさせる

孔子の言行録『論語』（為政編）には、年代に応じた生き方の変化を説く一節があります。そのなかで、60歳は「耳順《じじゅん》」といい、「六十にして耳順《したが》う」と表現されていました。また、70歳は「従心」で、「七十にして己の欲するところに従えども、矩《のり》を踰《こ》えず」とあります。「矩」とは、規範とか節度、あるいは規律を意味します。

つまり、人間は60歳になってようやく、人の言うことを聞いて、素直に理解できるようになり、70歳になると自分の思うままに行動しても道徳の規範から外れることがなくなるという意味です。

人には世代にふさわしい「ふるまい」があります。「畳の上で死にたいと思ってならぬ」「おのれは気息奄々《きそくえんえん》、息たえだえのありさまでも、他人を勇気づけよ」「若衆を笑わせるよう心がけよ」。江戸時代、耳順、従心の世代の人に対し、こういうふるまい方が求められました。**年長者は、家に引きこもらず、他人のためにはつらつと生き、ユーモアで若者を笑顔にさせるべき**といわれたのです。

江戸時代、「耳順」「従心」の世代にあたる人は、なにより若者を立てることを望まれました。その見返りとして、若者はご隠居さんをはじめとする年長者を日ごろから尊敬したといいます。

現代を生きるわたしたちも、江戸の人びとに学び、ふるまいを通じて良好な人間関係を築きましょう。

年長者の作法

年長者こそ能動的に動き、人びとに笑顔を与える

コラム ②

『論語』にも書かれた「謝る」ことの大切さ

孔子の言行録『論語』（学而《がくじ》）の一節に〈過《あやま》てば則《すなわ》ち改むるに憚《はばか》ること勿《なか》れ（過ちを犯したことに気づいたら、ためらいなく改めるべきだ）〉という教えがあります。ほかにも、〈過ちて改めざる、是れを過ちと謂う（過ちを犯していながら改めないのが、ほんとうの過ちだ）〉、〈小人《しょうじん》の過つや必ず文《かざ》る（品性の卑しい者は過ちを犯しても改めようとせず、きっと言い訳をしてごまかそうとする）〉、〈吾未だ能く其の過ちを見て内に自ら訟《せ》むる者を見ざるなり（自分で自分の過ちを発見して、自ら自己を責める者をみたことがない）〉など、謝罪への言及が多くあります。

「非を認めず、謝らない人」には、だれも寄りつかなくなります。自分の面目や他人の目を気にして謝罪できないならば、そんなプライドは捨て去るべきです。「悪いことをしたら謝る」のは、人としての基本であることを忘れないでください。

PART 3

年長者は、「見た目」が9割

相手に不快感を与えないことが大切！

見た目
01

「3つの不快」に気をつける。とくに視覚不快――「見た目」に注意

人間関係をよくするためには、相手に不快感を与えないことが大切です。これは、社会生活を送るうえでの大前提です。また、**相手に不快感を与えていることに気づかないのは、「老害」の典型例**です。

人間は「五感」、つまり視覚・聴覚・嗅《きゅう》覚・触覚・味覚によって、外部の情報をキャッチします。だれかと会うとき、相手はまずあなたの全身を見ます。あなたの服装が乱れていたら、相手は不快に思うかもしれません。あなたの声が小さくて聞き取れなかったり、反対に声が大きすぎたりしても、相手はストレスを感じます。あなたが汗くさ

かったり、強烈なにおいの香水をつけていたりしても、気分が悪くなるでしょう。

このような視覚・聴覚・嗅覚を通じて、相手に与える不快感を「3つの不快」といいます。これは、みずから積極的な行動に出ないと感覚を味わえない「触覚」「味覚」と違い、自分の意思に関係なく、なかば強制的に入ってくる情報ですから、とくに注意が必要です。

「3つの不快」のなかでも、もっとも気をつけるべきなのが「視覚不快」――つまり、「見た目」です。表情については、明るく、さわやかに、笑顔を保ちましょう。表情が暗いと、活気を感じず、とくに年長者の場合は、相手に余計な心配をかけることにもつながります。身だしなみも、清潔感を大事にし、年齢とその場に合う服装を心がけてください。年長者として、その風格を損ねない身だしなみをしましょう。

年長者の作法

表情と身だしなみで、まずは相手に好感を与える

見た目
02

小笠原流の「礼儀作法」を実践すると、美しい動きで好印象を与えられる

書店に出かける機会があったら、ためしに実用書コーナーにある礼儀作法書のどれか1冊を手にとってみてください。ほとんどが、室町時代から続く武士の礼儀作法を説く「小笠原流」がベースになっています。日本の礼儀作法の基本は小笠原流にあり、とくに冠婚葬祭の儀式作法はすべて小笠原流に基づいているといっていいでしょう。

なぜ、小笠原流がこれほど広範囲に普及したのかというと、礼儀作法を多方面から体系的にまとめたものだからです。

また、明治政府は学校教育制度の充実をはかる政策のひとつとして、女子教育に力

をそぎました。当時、女性は結婚して良妻賢母になることが理想とされ、女学校の授業科目に「礼儀作法」などのカリキュラムが組まれました。年長者のみなさんが生徒・学生だったころの教育には、この影響が残っていたかもしれません。

相手に敬意をあらわしていることを伝える「礼儀作法」などを教えるときに使う「躾《しつけ》」という漢字は、「身」と「美」に分けられます。つまり、躾は体を美しく見せるための営みなのです。礼儀作法は「道徳プラス芸術」であるといってかまいません。

礼儀作法が理にかなっていることは、日本女性の生活からみてとれます。**作法のとおりにすれば、並行して「体を美しく見せる運動」にもなっている**のです。

たとえば、来客の応接で、お茶を持って客間に入るとき、まず座って、全身を使ってふすまを開けなければなりません。その後立ちあがり、また座り、ふすまを閉めます。あいさつをするときも、手を出して握手するだけのように、身体の一部を動かすだけではありません。両手をついて、全身を動かしておじぎをします。作法どおり相手に接するだけで、体を美しく見せることにつながるのです。

もっと身近な礼儀作法でいえば、咳《せき》やくしゃみをするとき、顔をおおわずにそのましてしまっていませんか？　コロナ禍においてはつねにマスク生活だったので、そのままくしゃみなどをしていた人も多いかもしれません。

徐々にマスクを外して行動するようになっているので、手で押さえたり上着の内側や袖でおおったりしないと、病気をうつす可能性もあって非常に迷惑です。高齢者がノーガードで思い切り咳やくしゃみをしたりすると、「いい年をした年長者がそんな簡単な礼儀作法も守れないのか」と思われて「老害」認定される危険性もあります。

負の状況を打開できる効果も

礼儀作法はなかなか便利なもので、負の状況を打開できる効果もあります。たとえば、仲の悪い人同士や、少し気まずい相手でも、礼儀作法を守って応対すれば、それだけでも両者が必要以上に険悪になるのを防げます。

内向的でご近所や地域の人との交流をあまり好まない人でも、礼儀作法を心得てさりげなく実践すれば、それだけで悪い印象を抱かれるのを防いでくれます。反対に、つきあいもよくなく、礼儀作法もなっていないとなれば、周囲から白い目でみられ、しだいに孤立してしまうため、最終的に「老害」認定されてしまうでしょう。

礼儀作法の最大の効果は、相手に好印象を与えることです。とくに老後になって引っ越したばかりの場合や、新しくボランティアやサークル活動に参加する場合など、初対面の相手には、礼儀作法を守ればお互いに好印象を抱き、スムーズに良好な人間関係につながっていきます。

礼儀作法は、人間社会の究極の潤滑剤であり、対人関係で摩擦《まさつ》を防ぐ効果もあります。これはお金では買えない「人間界最高の知恵」といっても過言ではありません。年長者こそ、日常的に率先して実践し、良好な人間関係を築くお手本になりましょう。

年長者の作法

ご近所や地域の人とのつきあいが苦手なら、余計に「礼儀作法」の実践を忘れない

見た目
03

シニアの人間関係は、小笠原流「胴づくり」で良好になる

わたしは、「小笠原流」の礼法を、わたしの経営する冠婚葬祭会社の社員教育に取り入れています。小笠原流礼法の講師による社員研修を開き、姿勢のつくり方やおじぎの仕方、歩き方などを学ぶのです。その成果は顕著で、社員たちのお客さまに対するふるまいは、動きにむだがなく、お客さまへの敬意も感じられ、お客さまからも好感をもって受けとめられています。とくに、高齢のお客さまから好評で、「**年長者は礼法に敏感**」だと実感するのです。

礼法とは「人間関係をよくする魔法」にほかなりません。礼法の原点は「立ち居ふ

立つときの姿勢

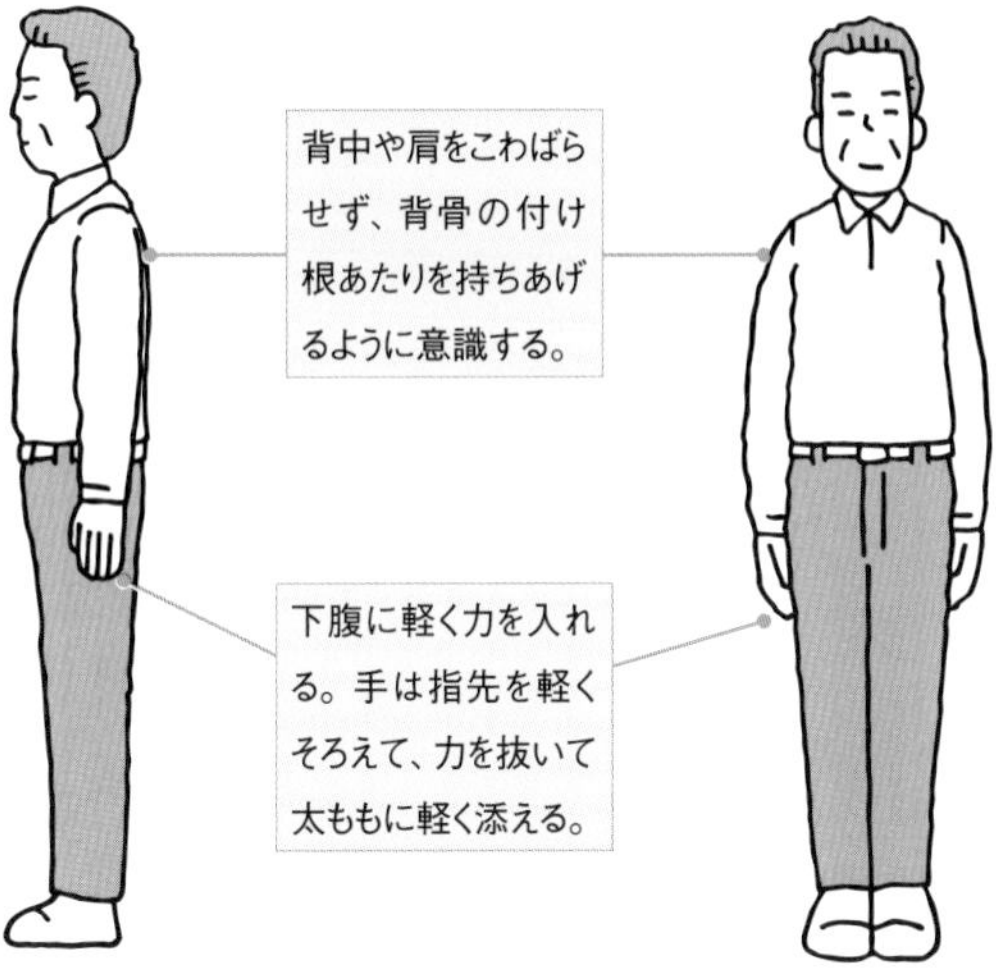
背中や肩をこわばらせず、背骨の付け根あたりを持ちあげるように意識する。
下腹に軽く力を入れる。手は指先を軽くそろえて、力を抜いて太ももに軽く添える。

るまい」にあり、立ち居ふるまいの原点は「姿勢」にあります。姿勢づくりは静かな動作ですから、年長者でも無理なく実践できるでしょう。

小笠原流では、姿勢を正すために「背筋を伸ばす」「あごをひく」「胸を張る」「顔は正面に」「視線はまっすぐ前に置く」ことを基本形にしています。

上体を安定させるために、小笠原流では「胴づくり」という手法をとります。胴づくりは、かつて武士が弓を引くために腰を安定させる「射形」の姿勢から生まれました。

歩くときの姿勢

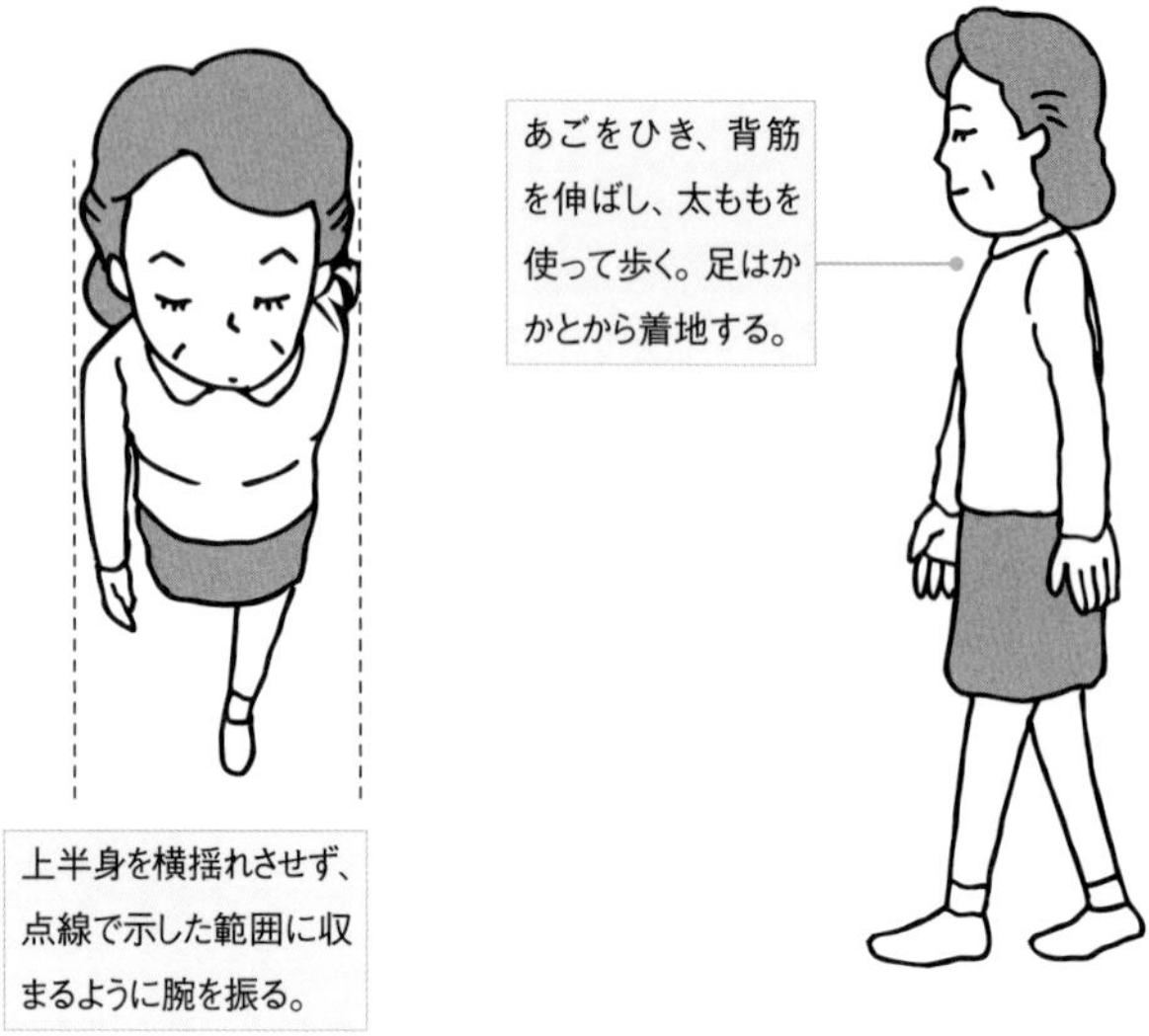
あごをひき、背筋を伸ばし、太ももを使って歩く。足はかかとから着地する。
上半身を横揺れさせず、点線で示した範囲に収まるように腕を振る。

歩くときも、胴づくりが重要です。背筋を伸ばし、あごをひいて上体を整え、腰をすえた構えをつくります。あまり力を入れずに足を踏み出し、残ったほうの足に体重をかけ、身体の動きにつれて重心を移していきましょう。

「生《せい》気《き》体《たい》」をめざす

座るときも、胴づくりができて、初めて正しい姿勢になるのです。正座は、立ったときと同様に、バランスのとれた胴づくりをして腰をすえます。このように、正しく座る姿勢を「生気体」といい、生

座るときの姿勢

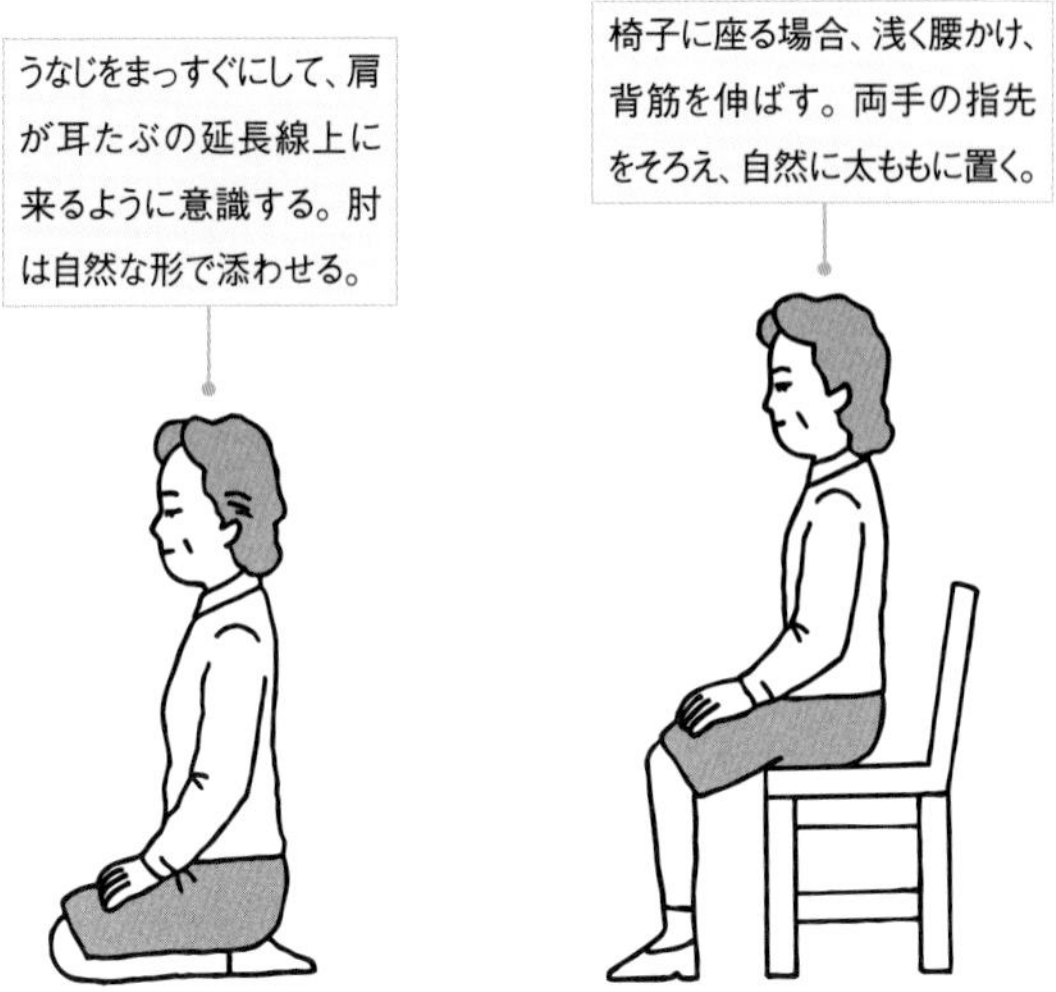
うなじをまっすぐにして、肩が耳たぶの延長線上に来るように意識する。肘は自然な形で添わせる。
椅子に座る場合、浅く腰かけ、背筋を伸ばす。両手の指先をそろえ、自然に太ももに置く。

気体であれば、足がしびれることはありません。

視線の置き方も大事な作法です。目も表情の一部であることを忘れてはいけません。

相手の顔を中心に、頭から胸まで全体的に見るといいでしょう。会話中は、ときに相手の目をしっかり見たり、全体を見たりと上手に使い分けます。

口は、真一文字に結んではいけません。口を結び、舌を口の中の上あごに軽くつけると口元がゆるむでしょう（88ページ）。

表情のなかで最高のものは、なんといっ

表情

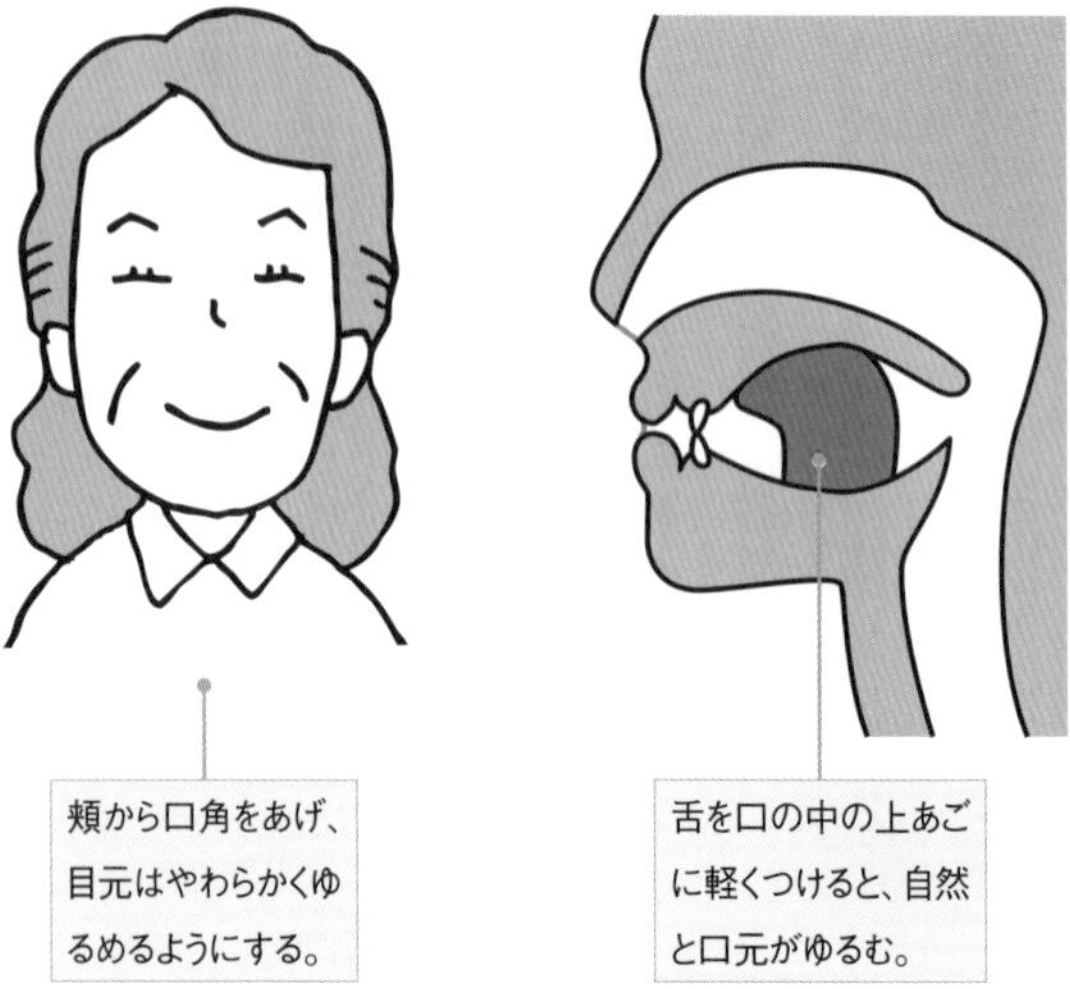

頬から口角をあげ、目元はやわらかくゆるめるようにする。
舌を口の中の上あごに軽くつけると、自然と口元がゆるむ。

ても笑顔です。

小笠原流の「胴づくり」の真髄は、腰骨を立てる姿勢を保つ「立腰《りつよう》」にあるといわれます。

明治時代の教育思想家で、立腰教育を提唱した森信三の考えをまとめた『立腰教育入門』には、「身体のなかで一番動かぬところは胴体であり、その中心は腰骨である。腰骨を立ててつらぬく以外に、真に主体的な人間になる決め手はない」と書かれています。

森信三の説く立腰教育は現在、幼稚園から高校までのいくつかの教育機関で取

立腰

足の裏を床につけ、腰骨を前に出す。骨盤をしっかり起こし、背骨もまっすぐ伸びた状態。腰痛や肩こりの解消、予防にもつながるほか、内臓への負担が減り、働きがよくなる。

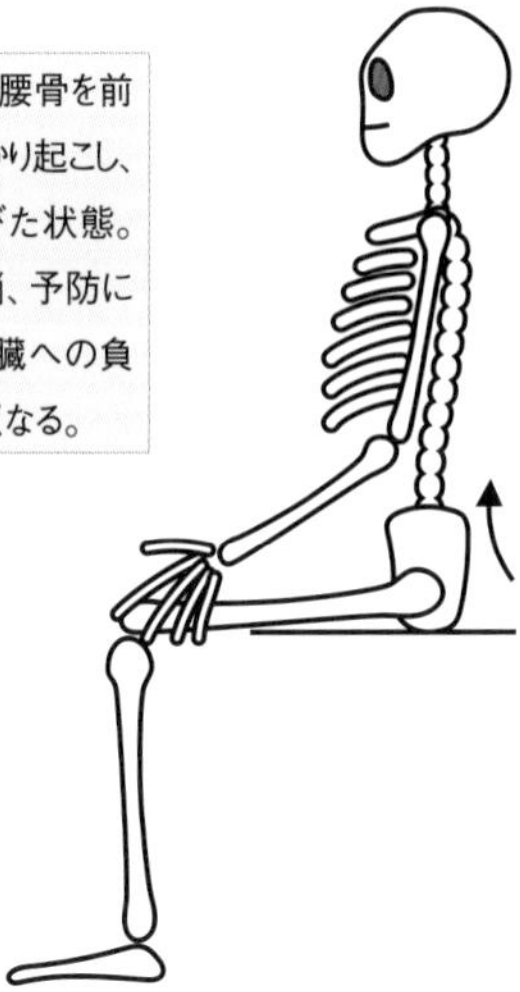

り入れられています。「立腰」も小笠原流の「胴づくり」の影響を受けているのは明らかで、礼法の源流をみることができました。

正しい姿勢、美しい立ち居ふるまいをされて、不快に感じる人はいません。相手に好感を与え、まさに「人間関係をよくする魔法」であるといえます。年長のみなさんも、礼法を会得し、良好な人間関係につなげましょう。

見た目
04

小笠原流の美しい「おじぎ」所作で、相手と心を通わせる

「小笠原流」が、数ある所作のなかで、もっとも重視しているのが、「おじぎ」です。小笠原流では、おじぎのことを、相手に敬意や感謝の心をあらわすために身体をかがめる「屈体」といいます。おじぎは、相手と心を通わせるために存在しているのです。

みなさんは、こんな姿を見かけたことはありませんか。ふたりが向き合って、お互いにおじぎをしています。一方が頭を下げているのに、もう一方はもう頭を上げている状況です。これでは、お互いの心は通っていません。**正しいおじぎ、心の通うおじぎをするには、相手とタイミングを合わせる**ことが大切です。

座礼（その1）——目礼、首礼、指建礼、爪甲礼

・目礼

目を閉じて礼の代わりにするもの。身分の高い人だけが行なうもので、現在はほとんど使われない。

・首礼

首だけを前に倒す。目礼と同様の理由で現在はほとんど使われない。

・指建礼

上体を少しかがめて、肘を軽く伸ばし指先だけを畳につける。

・爪甲礼

武家茶道では現在も用いられる。爪が畳に接する位置までかがむ。

おじぎには、座ってする「座礼」と、立ってする「立礼」があります。生活様式の西洋化で、おじぎも立礼が増えてきましたが、おじぎの基本はあくまで座礼です。

座礼を美しい形に完成させたのが、小笠原流といっていいでしょう。状況に応じて「目礼」「首礼《しゅれい》」「指建礼《しけんれい》」「爪甲《そうこう》礼《れい》」「折手礼《せっしゅれい》」「拓手礼《たくしゅれい》」「双手礼《そうしゅれい》」「合手《がっしゅ》礼《れい》」「合掌礼《がっしょうれい》」の9つがあり、「九品礼《くほんれい》」と総称しています。

九品礼のなかで、日常生活でよく使われるのは「指建礼」「拓手礼」「双手礼」の3つです。指建礼は、相手の話を注意

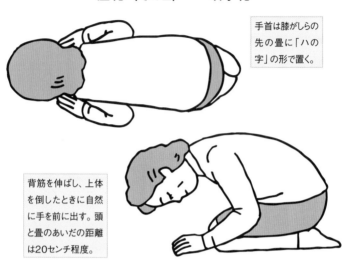

座礼（その2）――双手礼

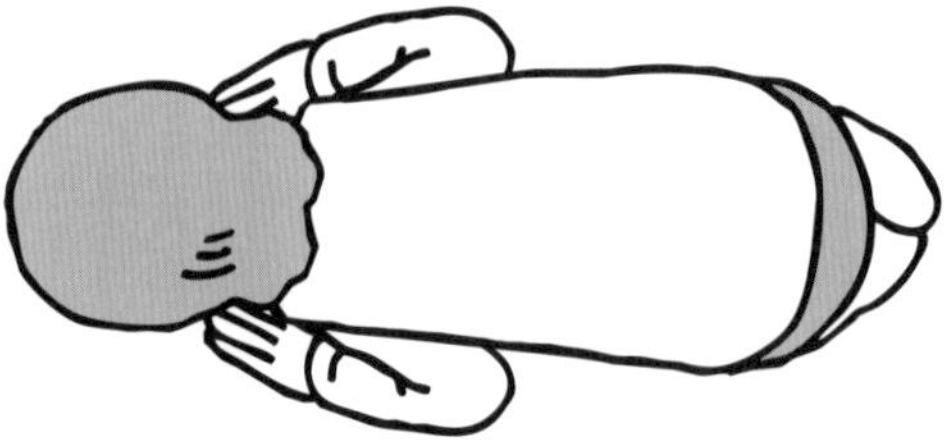
手首は膝がしらの
先の畳に「ハの
字」の形で置く。

背筋を伸ばし、上体
を倒したときに自然
に手を前に出す。頭
と畳のあいだの距離
は20センチ程度。

深く聞くときにするもので、拓手礼は、正式に謝意、願望を伝えるときに用います。座礼のなかで、もっとも一般的で、拓手礼をていねいにしたものが双手礼です。正座の状態で、背筋を伸ばし、上体を前に屈していきましょう。手が自然に前に出て、手首は膝がしらの先の畳に置いてください。両手のこぶしひとつ開いたところで止め、頭と畳のあいだは20センチぐらいの距離になります。

立礼は、「浅い礼」「普通礼」「深い礼（最敬礼）」の3つです（94ページ）。上体を傾ける角度によって、おじぎに込める気

座礼（その3）――折手礼、拓手礼、合手礼、合掌礼

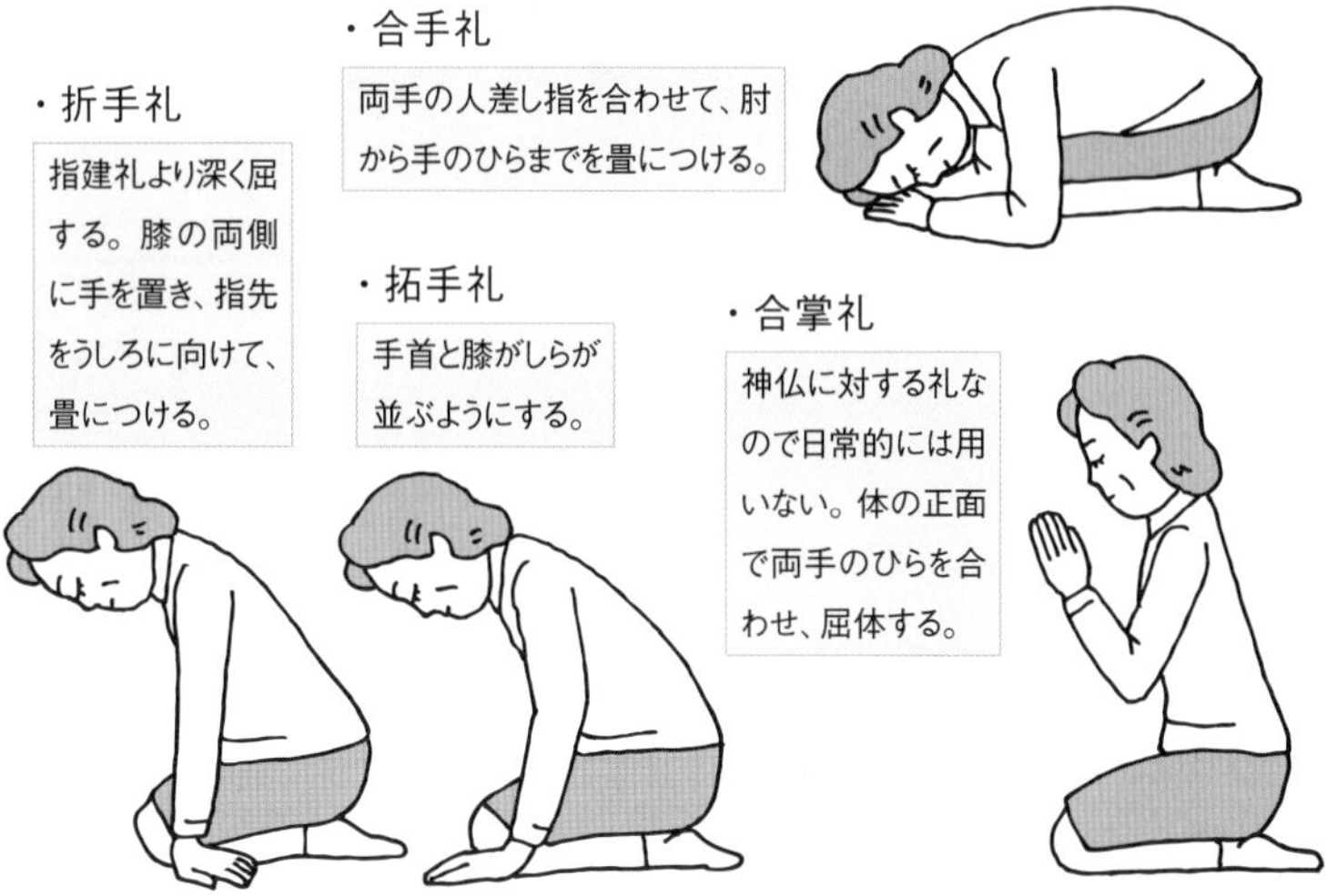
・合手礼
両手の人差し指を合わせて、肘から手のひらまでを畳につける。
・折手礼
指建礼より深く屈する。膝の両側に手を置き、指先をうしろに向けて、畳につける。
・拓手礼
手首と膝がしらが並ぶようにする。
・合掌礼
神仏に対する礼なので日常的には用いない。体の正面で両手のひらを合わせ、屈体する。

持ちの深さが変わってきます。

浅い礼は15〜30度程度、普通礼は45度程度、深い礼（最敬礼）は60〜90度程度かがみましょう。

３つに共通するのは、直立の姿勢で、背筋を伸ばすことです。つま先はきちんとそろえたほうが美しく見えます。

「残心」を心がけよう

おじぎとは頭を下げたり、上体を傾けたりする瞬間だけをとらえたのではありません。一連の所作のすべてがおじぎであり、礼なのです。**おじぎをして、元の**

立礼

・浅い礼

上体は約15〜30度程度に傾ける。つま先をそろえる。

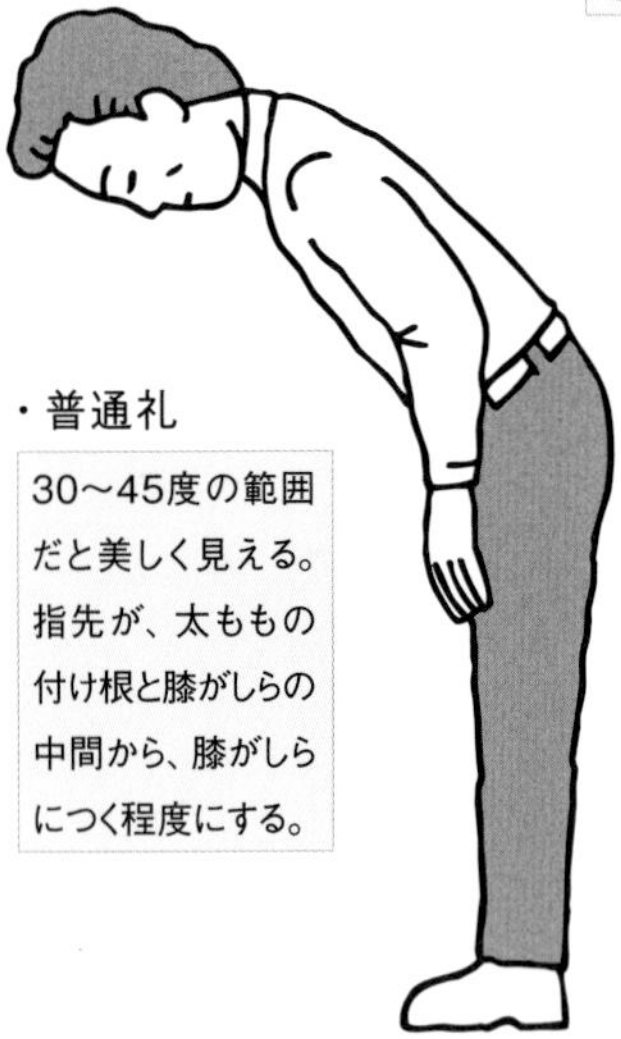

・普通礼

30〜45度の範囲だと美しく見える。指先が、太ももの付け根と膝がしらの中間から、膝がしらにつく程度にする。

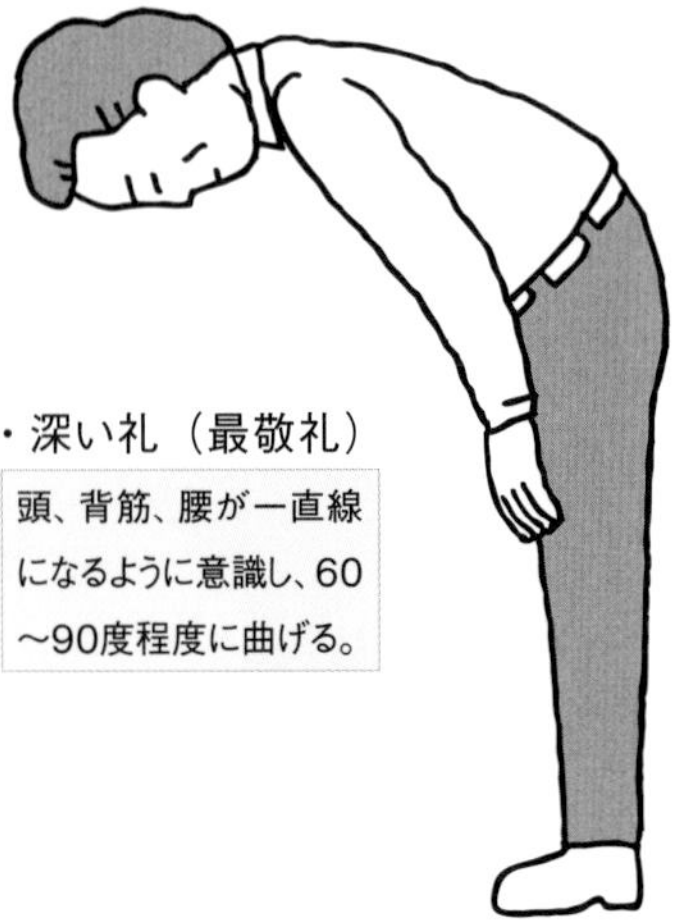

・深い礼（最敬礼）

頭、背筋、腰が一直線になるように意識し、60〜90度程度に曲げる。

姿勢に戻っても、相手に心を残すようにしてください。これを「残心《ざんしん》」といいます。

わたしは仕事柄、よく冠婚葬祭の場で、多くの方がおじぎをする姿を目にしてきました。見とれてしまうほど美しいおじぎをされる方がいたとき、わたしは「きっと心のきれいな人なのだろう」と思います。

わたしは、おじぎのきれいな人が好きです。

おじぎのきれいな人の話は、自然と聞き入ってしまいます。

年長者の方はなおさらで、相手に対する心づかいが長い年月をかけて体内に醸成されているような雰囲気が伝わってきます。

おじぎのきれいな人は、人づきあいで絶対に得をします。人間関係をよくするうえで、おじぎは絶大な効果を発揮することを理解してください。

年長者の作法

人間関係をよりよくするために、おじぎを美しく行なう

見た目
05

安全面に留意しつつ、品格を損ねない礼装を！

年長者のみなさんにふさわしい冠婚葬祭の服装について、ご紹介しましょう。

婚礼、葬儀を問わず、礼装には和装と洋装があり、和装のほうが格上と思われていますが、高齢者には洋装をおすすめします。なぜなら、洋装は和装に比べて圧倒的に着やすく、動きやすいからです。

近年は、生活様式の変化で洋装が主流になっていますから、ためらいなく洋装を選択できるのではないでしょうか。

婚礼も葬儀もそれなりに長丁場ですから、リラックスできて、疲れにくい服を選び

礼服

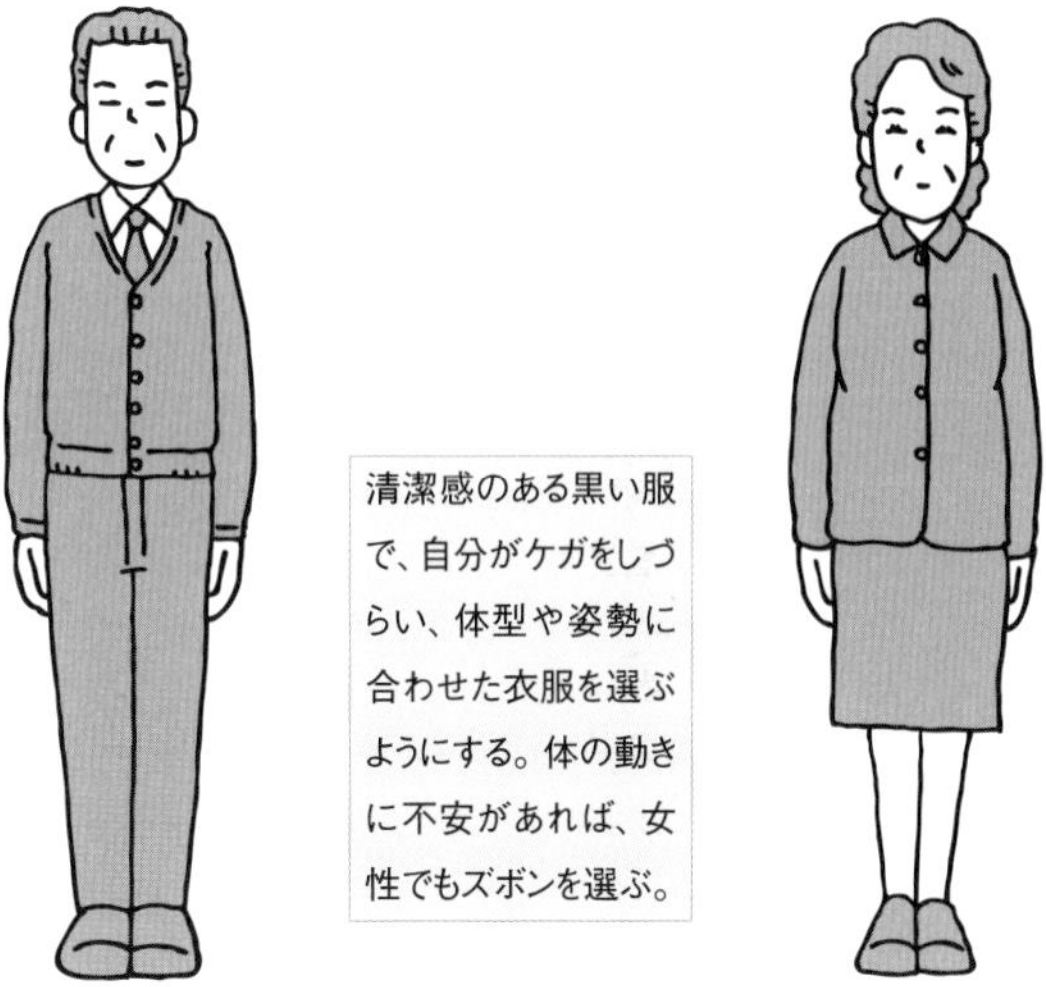
清潔感のある黒い服で、自分がケガをしづらい、体型や姿勢に合わせた衣服を選ぶようにする。体の動きに不安があれば、女性でもズボンを選ぶ。

ましょう。

高齢者の礼服選びで、もっとも注意したいのは、安全面です。女性ならスカートを好む人も少なくないと思いますが、スカートだと脚にまとわりついて、転びやすくなるので、パンツ（ズボン）を選択するのが無難でしょう。自覚している以上に、足腰が弱っていないともかぎりません。

靴も、ヒール靴は避け、ふだんはきなれたものにしましょう。ちなみに男性は、年を重ねたことで礼服の種類が変わることはないでしょうが、失礼にあたらない清潔感のある礼服を選ぶことを忘れないようにしてください。

簡易止めのネクタイや、総ゴムのズボンも礼服として販売されています。これは冠婚葬祭には不適切なのではないかと思うかもしれませんが、性別問わず、体のどこかを痛めていて動かしづらい方は着用しても失礼にはあたりません。

素材の品質にはこだわりたいところです。年長者になれば、礼服もそれに見あう上質さが求められます。喪服はどれも黒ですが、漆黒《しっこく》に近い深い黒ほど、凛《りん》として品が感じられます。とくに、日中の屋外だと、黒の違いが目立つのです。可能であれば、深い黒のものを選んでください。

姿勢や体形の変化も想定すべき

年を重ねると、腰が曲がったり、多少痩《や》せたり太ったりするなど、姿勢や体形が以前とは少し変わる人もいるでしょう。**ゆったりめのサイズを選べば、体型の変化をカバー**してくれます。かがんだときなどに背中側のシャツなどが見えるのも、防ぐことができます。ただ、あまりにゆるいものだと、シワなどが目立ち、みっともなくなるため、サイズは適切な範囲内で決めてください。

年とともに、腕が上がりにくくなるので、女性の場合は、後ろファスナーの服は閉めにくくなります。前開きのデザインを選択してください。

年長者は、年代的に葬儀に参列する機会も増えてくるでしょうから、いざというときにあわてずに済むよう、現在の体型や姿勢に合う礼服をあらかじめ用意しておいてください。

高齢者は、寒さ対策も忘れないでください。冬は気温が低いですし、夏でも室内の空調が効きすぎて体を冷やします。ひざかけを1枚持っていくと、重宝します。

無理のない範囲で、品格を損ねない礼服選びを心がけましょう。

年長者の作法

自分の体がどうなっているか、自覚して礼服を選ぶ

見た目
06

葬儀は作法を押さえて、故人への弔意を形にする

葬儀には、心がけるべき作法がたくさんあります。

年長者のみなさんは、わきまえていらっしゃると思いますが、訃報が不意に舞いこんで、あわてて葬儀に参列した場合、動揺して葬儀のマナーを一時的に忘れてしまうかもしれません。みなさんの身の回りには元気な人が多く、しばらく葬儀に出る機会のなかった人もいるかもしれませんので、改めて基本を確認してみましょう。

葬儀・告別式の式場に出向いたら、まずは受付に向かいます。ここで注意すべきなのは、人の流れを止めないことです。受付には、参列者がつぎつぎに訪れ、列をつく

ります。このとき、知り合いを見かけても、声をかけてはいけません。立ち話が始まると列の流れを止め、進行の妨げになるので、目礼にとどめ、速やかに会場に入ります。自分の欲求を満たすことを優先するのは、まさしく「老害」行為にあたるので慎みましょう。

受付では、名前を記入する代わりに名刺をわたすこともあります。その際は、名刺は左下のかどを小さく折ったり、左肩に「弔」の字を書きいれたりするマナーがあります。なお、会場で遺族と顔を合わせても、ひとりじめすることのないよう、目礼だけにとどめましょう。

押さえておきたい焼香の作法

葬儀・告別式において、参列者の行なう儀礼でもっとも重要なのは「焼香」です。日常的な動作ではないので、じつは焼香の作法を十分に知らない人や、悲しい気持ちにのまれて手順がわからなくなってしまう人が少なくありません。

焼香の手順

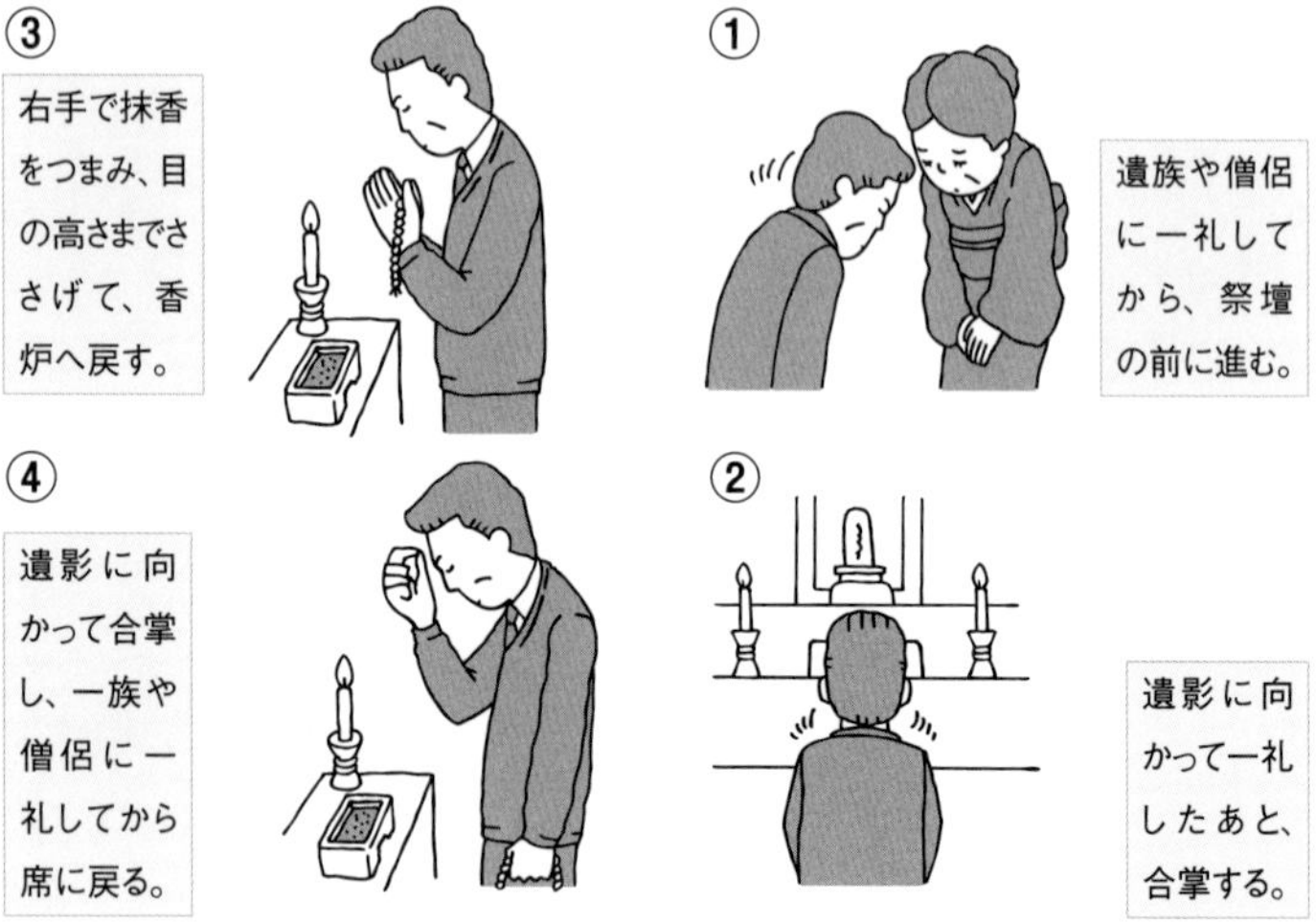
①
遺族や僧侶に一礼してから、祭壇の前に進む。
②
遺影に向かって一礼したあと、合掌する。
③
右手で抹香をつまみ、目の高さまでささげて、香炉へ戻す。
④
遺影に向かって合掌し、一族や僧侶に一礼してから席に戻る。

その人たちは、周りの人の動作を見て、まねをしたり、思い出したりするのです。**年長者としては、作法をしっかりと会得したうえで、参列者の見本となるようにふるまいましょう。**

宗派にもよりますが、焼香は、自分の番がきたら、次の参列者に会釈して前へ進み、遺族と僧侶に一礼してください。焼香台の3歩ぐらい手前で遺影に一礼し、焼香台の前に進んで合掌します。

右手の親指と人差し指、中指で抹香を少量つまみ、目の高さに上げ、香炉に落とします。回数は1~3度までのあいだでかまいません。終わったらふたたび合掌し、そのままの姿勢で2、3歩ほどさがり、向きを変え、遺族に一礼して自席に戻ってください。線香による焼香では、いちどに立てずに1本ずつ立てることです。炎が出たら息で吹き消さず、手であおいで消すことに気をつけてください。

焼香は、仏教の開祖のブッダの時代から2500年ものあいだ続けられてきました。通夜では日常用の線香、葬儀・告別式では粉状で儀式用の抹香が用いられます。焼香の基礎知識を得ておくと、実際の焼香の場面でも、動作に深みが出るでしょう。

葬儀は決まりごとがたくさんありますが、いずれも故人への弔意、遺族への気づかいのあらわれです。いずれ、自分自身が送られる側に立つこともイメージしながら、しっかりと故人に向き合ってみてください。

年長者の作法

年長者こそ、作法をマスターして、参列者の見本となる

見た目
07

葬儀は、杖も車いすもオーケー。気おくれせずに堂々と！

「杖《つえ》や車いすが変に目立つかと思うと、参列するのも気が重くなる」と気にする年長者もいますが、心配いりません。当然ですが、**杖を持ち込んだり、車いすで出向いたりしても、ほかの参列者に失礼になることはまったくありません**。堂々とふるまい、故人にお別れの言葉をかけてあげてください。

杖は、喪服やその場に合ったものを選びましょう。黒やブラウン、グレー、紺など落ち着いた色で、デザインも派手でなければ、ふだん使いしているものでかまいません。歩くときだけでなく、靴の脱ぎ履きや、立ったり座ったりするときも役に立つでしょう。折り畳み式のものを持っている人も、よく見かけます。

車いすで出席するときは、前もって、その旨《むね》を式場に伝えておくのがおすすめです。要望に応じて席を変えてくれますし、焼香のときは香炉を席まで持ってきてくれるでしょう。式場のなかには、車いすを貸し出しているところもあります。

葬祭施設は比較的バリアフリーとなっているので、移動時の障害は多くありません。ただ、お寺や各宗教の教会、あるいは故人の自宅には段差などがいたるところにあり、危うくケガをしそうになった方も多いのではないでしょうか。

葬儀会場がお寺のときは、参列者は畳に正座する場合がありますが、そのときは遠慮なく、「脚が悪いので」と言って、椅子を用意してもらいましょう。年長者が故人の身内の場合に案内される控室が和室だったときも同様です。

年長者の作法
車いすの場合は、前もって式場に伝える

見た目
08

病気やケガの人のお見舞いは、「看礼」を忘れずに会いに行く

「看礼《かんれい》」という言葉をご存じでしょうか。これは病気やケガの人をお見舞いする礼法です。年長者になれば、友人や知り合いの人も年を重ね、病気がちになったり、病院に入院したりする人も増え、お見舞いの機会も多くなるでしょう。

ここで気をつけたいのは、お見舞いは、人間関係をよくする一方で、逆に悪くする危険性もひそむ両面性があることです。

友人や知人が入院した場合、限度を超す回数のお見舞いはかえって迷惑になりかねません。なかには、病気でやつれた姿を見られたくないと、訪問を嫌う人もいるでしょ

う。時と状況によっては、「行かないことが、かえってよいお見舞い」になることもあるのです。

相手になにげなくかけた言葉でも、病気の人には胸に突きささる刃になるかもしれません。相手に聞こえないようにひそひそ話などをすると、当人だけでなく、周りの人もいらだたせてしまうでしょう。

看礼の心得とは、「気づき」「気くばり」「気ばたらき」の3つです。

「気づき」とは、病気の人の症状や心情を敏感に察することを指します。「気くばり」では、医師や看護師など、お世話になっている人へ感謝の気持ちをあらわしましょう。同室の人にも「いかがですか」や「おだいじに」と元気づけの言葉をかけてください。「気ばたらき」は、周囲に気をつかい、自己抑制を働かせることにほかなりません。

絶対にやってはいけないことは、入院している人への忠告です。近代ドイツの哲学者のニーチェは、著書『人間的、あまりに人間的』のなかで、「病人に忠告を与える者は、相手に対する一種の優越感をおぼえる。だから、怒りっぽくて誇りの高い病人は忠告者を自分の病気よりもっと嫌うのだ」と述べました。

たしかに、見舞いの際に、病気にならないための健康的な生活、身体にいい食事や運動、ストレスを溜《た》めないことの大切さを延々と病気の人に説く高齢者を見かけることがあります。自分の健康に自信があるからかもしれませんが、これは、相手を不快にする自分勝手な行動になりかねず、まさに「老害」行為そのものというほかありません。ですので、くれぐれも身勝手な言動は慎んでください。

看礼は訃報に接したときにも

残念ながら病気の友人や知人が回復せず、訃報に接するときがあります。年長者であれば、友人や知人の死去の知らせを聞く機会も増えてくるでしょう。訃報を受けたら、落ち着いて聞いてください。電話口で取り乱したり、死去のようすをくどくどと聞きだしたりしてはいけません。思いがけない訃報が届くと、動揺しても不思議はありませんが、そこは年長者として、気を確かにもち、冷静に受け答えしてください。

喪家に駆けつけるかどうかは、故人との親しさの度合いによります。遺族から直接、死去の知らせを受けるような親しい間柄であれば、とりあえず弔問に出向きましょう。服装は、地味な平服でかまいません。部屋に通されたら、遺族にお悔やみを言い、霊前に線香をあげてください。長居は禁物です。早めに辞去しましょう。

急死で事情がわからない場合は、喪家からの連絡がないかぎり、弔問には行かないほうがいいでしょう。事故死や自殺、子どもの死のときは、遺族は密葬にすることもあるので、さしでがましいことをしないのが遺族への思いやりです。

いずれも、**遺族の心情を察し、迷惑にならないよう控えめに行動**しなければなりません。ここでも「気づき」「気くばり」「気ばたらき」です。看礼の心得は、訃報に接したときにも生かされます。年長者として、心がけたいマナーです。

年長者の作法

お見舞いでもお葬式でも、「気づき」「気くばり」「気ばたらき」を忘れない

見た目
09

「礼法」は最強の護身術。敵意を誘わず、好印象を与える

原始時代にわたしたちの先祖は、対人関係をよくすることが自分を守る術であることに気づきました。護身のために弓や刀剣などの武器を携帯していましたが、不意に見知らぬ人に会ったとき、相手に敵意がないとわかれば、武器を捨てて両手をさし上げ、こちらも敵意のないことを示したのです。これが、礼法の起源といわれています。

身ぶり・手ぶりに始まった礼儀作法は、社会や国家が構築されていくにつれて変化・発展して、今日の礼法として確立されました。

礼法はある意味で、護身術といえます。剣道、柔道、空手、合気道など、武道はさ

まざまなものがありますが、**相手の敵意を誘わず、逆に好印象を与える礼法のほうが、護身術としては格上**だといえます。年長者は長い人生経験を通じ、礼法の心得は身についているでしょう。年代的にも中高生時代に武道が体育の授業に取り入れられるなど、いまの若い世代よりは武道に親しんだ機会が多く、礼法が護身術に通じるという考えもおわかりになっていただけるかと思います。

さらに、わたしは、「礼法は魔法」だと思っています。フランスの作家、サン＝テグジュペリは、「心の世界遺産」とも評すべき名著『星の王子さま』のなかで、「本当に大切なものは、目に見えない」という有名な一文を残しました。

この「本当に大切なもの」とは、人間の心だとわたしは考えています。目に見えない心を目に見えるかたちにしてくれる魔法が、礼法なのです。

年長者の作法

目に見えない心を、礼法で〝かたち〟にする

コラム ③

相手を不快にさせてしまう 口の臭いに要注意

嗅覚を通じた不快のなかで、意外と忘れがちなのが、口臭です。高齢になると、唾液の分泌量が低下するため、口の中は乾燥しやすい状態になっています。さらに、利尿剤や降圧剤など、薬の副作用でも唾液が出にくくなる場合があるのです。乾燥すると、細菌が舌や上あごなどで増え、口臭が強くなってしまいます。虫歯の場合、進行すると強烈な臭いを放ちます。歯周病によって歯茎から出る血や膿《うみ》が混じると、これも口臭の元になるのです。舌や入れ歯・差し歯、奥歯にかぶせた詰め物に汚れが溜まっている可能性も考えられます。

ていねいな歯磨きをするのはもちろん、ほかにもいくつかケアの方法があります。頬の内側を伸ばすように頬を指で上下に数回こすったり、舌を左右に動かしたりすると、唾液腺が刺激されて口が潤います。また、バランスのいい食事や、よく噛んで食べることでも、口臭が強くなるのを防げるので、実践してみてください。

PART 4

若いころとは変わってくる!?
年長者にこそ必要な
「対人関係」のコツ

対人関係
01

年を重ねれば重ねるほど、「交友関係」の満足度が重要になる

年を重ねて仕事から離れれば、ビジネス上の人づきあいは減り、一般的には人間関係の範囲は狭くなります。人間関係の範囲が狭くなるほど、一人ひとりとの関係性の重要性は増すでしょう。

交友関係が広いうちは、そのうちのひとりとの関係が多少ぎくしゃくしても、全体から見れば大きな心の痛手にはならないかもしれませんが、交友関係が狭ければ、そういうわけにはいきません。年長者こそ、人間関係を大事にしなければならない理由がそこにあります。

『論語』（子路編）に「君子は和して同ぜず、小人は同じて和せず。」という一節があります。「和」とは、自分の主体性を堅持しながら他と協調することです。「同」とは、付和雷同（他人の考えにすぐ同調すること）を指します。立派な人は協調性に富んでいるが、仲良くなったとしてもやたらと同調はしないのに対し、普通の人は妥協はするものの、本当の意味での協調性には欠けていることをあらわします。人には協調してなごやかな関係性を保つよう心がけるけれども、その場かぎりの無責任な賛意は示さないという姿勢は、人間関係を築くうえで、とても重要だと思います。

孔子が開いた儒教では、人間的な徳を積んだ「個」の確立と、他者を尊重する「礼」の実践の両立が求められます。**自分をしっかりもったうえで、相手のことを考えれば、相手のことを考えれば、相手のことを考えれば、**

「和」が実現でき、人間関係をよくすることができるでしょう。

年長者の作法

「個」を確立したうえで、相手を尊重する「礼」を実践する

【PART4】年長者にこそ必要な「対人関係」のコツ

対人関係
02

“近所づきあい”のコツは、あいさつとさりげない親切

内閣府が「高齢者の日常生活」をテーマに、60歳以上のお年寄りを対象に2021年に実施したアンケートの結果によると、「ふだん近所の人とどのようなつきあいをしているか」(複数回答)との問いに、「会えばあいさつ」と答えた人が83・5%に上り、2番目に多い「外で立ち話」に30ポイント近い大差をつける断然トップでした。

地域コミュニティの崩壊が叫ばれて久しい現代でも、近所づきあいのメインはあいさつなのです。お互いを理解しあい、必要なときに助けあえる関係を築くためには、あいさつは欠かせません。年長者になれば、近所の方と接する機会も増えます。あい

さつに加え、相手が喜ぶ小さな親切を励行し、家庭の次に身近な人間関係の場である近所づきあいを良好なものにしましょう。

2位が「外で立ち話」であることを考えても、いまの近所づきあいはライトな関係性で成立しているようです。だれにでも「どちらへお出かけ？」などと、踏み込んで尋ねるのは禁物です。プライバシーに立ち入らない程度の〝ほどよい距離感〟も大切になっています。

先に挙げたように小さな親切を日ごろから実行するのもおすすめです。たとえばゴミの集積場で、分別がおかしなゴミを見つけたら整理するなど、ささやかな好意を積み重ねることが隣人関係の構築に役立ちます。ただし、おせっかいが過ぎるのは、恩着せがましいと受けとられて逆効果です。あくまで「さりげなく」を心がけましょう。

年長者の作法

ほどよいコミュニケーションとさりげない気づかいで
ちょうどいい距離感を保つ

対人関係
03

年長者の〝自虐ネタ〟は、場を和ませる気づかいとして有効

わたしは、周りをつねに笑い声と笑顔であふれさせたいと思っていますので、ダジャレを連発します。たとえば、食卓に洋なしが出されると、「ヨウナシ？　俺のこと？」と聞き返すのです。経験上、自虐ネタは受ける確率が高いです。

自分が言って満足したいだけの強引な「おやじギャグ」は迷惑でしかありませんが、テンポのいいものなら、場の空気を好転させる場合が多いです。

わたしたちは、お笑い芸人ではないので、**ギャグの質よりも、雰囲気を明るくしようとする気づかいが大事**でしょう。

数多くの明治維新の志士たちを世に送り出した私塾「松下村塾」の創設者、吉田松陰は、まじめで誠実な「謹厳実直《きんげんじっちょく》」のイメージが強いですが、ユーモアセンスもあふれていたそうです。松下村塾の増築工事で、弟子の藩士がはしごに登って壁土を塗っていたところ、誤って土を落とし、松陰の顔を直撃しました。平謝りの弟子に向かって、松陰は「師の顔に泥を塗るものではない」と、ジョークで返したそうです。

塾内は、ときには議論が過熱し、険悪な空気になることも珍しくなかったと思います。そんなとき、年長者の塾長から、子弟の厳しい上下関係をも笑いのネタにする自虐的なギャグがさりげなく発せられ、雰囲気は一気に和らいだことでしょう。

家庭でも地域でも、年長者として、ユーモア精神を発揮し、笑い声と笑顔で満たす輪の中心にいたいものです。

年長者の作法

明るくしようとする気づかいで、笑顔の輪を広げる

対人関係
04

〝配偶者との時間〟が増えるので、「気づかい」の積み重ねを心がける

定年などで仕事を引退すれば、1日の多くを家で過ごす時間が占めるようになります。配偶者のいる方なら、お互いに顔を合わせる時間も増えるでしょう。

配偶者は身内で、もともと濃密な人間関係の相手ですが、年長者になって、一緒に過ごす時間が長くなれば、一層の気づかいが求められます。

気づかいを示す行動の基本は、なんといってもあいさつです。

あいさつの言葉のなかでも、お礼の意を示す「ありがとうございます」がいちばん大事でしょう。相手に謝意を伝えられるのは、相手を尊重しているからです。相手が

身内であっても、それはなんら変わりません。

わたしと妻はふだんから、相手になにかしてもらったら、お互いに「ありがとうございます」と言うようにしています。

夫婦で「ありがとうございます」は他人行儀と思われるのなら、「ありがとう」でもかまいません。

とにかく、言葉にすることです。

心のなかでいくら感謝していても、言葉にしなければ相手には伝わりません。

それと、お互いに相手になにかをしてほしいときは、「お願いします」「お願い」と言います。つまりは、「親しき仲にも礼儀あり」です。

また、わが家もときどき、夫婦げんかをしてしまいます。ささいなことで言いあいになり、険悪なムー

ドになることもあります。

そんなときは、一夜明けて顔を合わせたとき、「おはよう」とあいさつするのです。あいさつには魔法の力があり、前夜にどれだけ気まずい空気になったとしても、なにごともなかったかのようにリセットしてくれます。

さりげない気づかいをお互いに実践する

夫婦間の気づかいは、さりげない言葉や行動でかまいません。

たとえば、わたしはお茶やコーヒーをいれるとき、自分の分だけでなく、妻の分も注いで持っていくようにしています。

毎週決まった曜日にゴミ出しの日がありますね。そのとき、自分の部屋や行動範囲のゴミを集めるのはもちろんのこと、家中のゴミ箱の場所を把握したうえで、すべてのゴミを確認して、ひとまとめにするよう心がけましょう。

夫婦で車に乗って出かける場合もあると思います。そのとき、運転せずに助手席に座るとしても、先に乗り込んだほうが、冷房や暖房をつけておいたり、窓を開けて換気しておいたりすると、お互いに気持ちがよいです。

いずれもささやかなことですが、そういう**細かい「気づかい」の積み重ねが、夫婦円満につながる**のです。

夫婦はもっとも身近な存在で、夫婦関係は大きな人間関係の輪の中心にあります。その中心がぶれていては、近所づきあいや交友など、次の人間関係づくりのステップにスムーズに進めないでしょう。

配偶者に対する気づかいが、夫婦関係をよくし、人間関係の輪を広げる原動力になってくれるのです。

年長者の作法

配偶者への気づかいを積み重ね、人間関係の輪を広げる原動力をつくる

対人関係
05

老後の〝親戚づきあい〟は、「ほどほどでよい」と考える

ドライな言い方に聞こえるかもしれませんが、年長者の親戚づきあいは、ほどほどでいいと思っています。

親戚づきあいは一般的に、難しいものです。身内という関係性の近さが仇《あだ》となって、感情的にもつれることも珍しくありません。相続問題などで、よく「骨肉の争い」「相続は争族」といわれるのも、親戚づきあいの難しさの一端をあらわしています。

年長者になってからの親戚づきあいの最低限のマナーは、やむをえない場合を除き、冠婚葬祭はきちんと出席することです。これが欠けると、人間関係が損なわれます。

たとえば、ともに妻帯者の兄弟がいるとします。厳密にいえば、兄と弟、兄とその妻、弟とその妻は家族ですが、「兄」と「弟の妻」の関係は家族ではなくて親戚ですし、「弟」と「兄の妻」の関係も同様です。兄弟の親が亡くなったときなどは、それぞれの妻の意向を聞いてしまうと、葬儀費用はどっちがどれだけ負担するのか、遺産はどう分けるのかなど、話が混乱する可能性があります。そうした場合、兄と弟はお互いの妻を交えずに、ふたりきりで相談するといいでしょう。血族だけで腹を割って話しあったほうが、経験上、よい結論になることが多いのです。

親戚と親密な関係を築いている場合は、仲を深めることで人生が豊かになることもあります。ただし、現状あまりよい関係性といえないときは、必ずしも無理におつきあいしなくてもいいと思います。

年長者の作法

億劫《おっくう》でも、親戚の冠婚葬祭だけはきちんと出席する

コラム④

他者と比べてやっかまない フランスの高齢者

フランスでは、老いを「人生の実りと収穫の秋」とみなすそうです。古代中国の五行思想に通じますし、「人は老いるほど豊かになる」と考えるわたしの持論とも一致します。

フランス人は、定年退職後の人生を楽しみにして生き、早ければ30～40代から、貯蓄や健康維持、家族・友人との絆《きずな》づくりなど老後の準備を始めるといいます。

元外交官の賀来弓月《かくゆづき》氏はフランス滞在中に高齢者の介護ボランティアをしていて、その経験からフランスの高齢者について深い考察をしています。賀来氏によると、フランスの高齢者の多くは、自分の境遇を他者と比べ、悲観したり、やっかみを感じたりしないそうです。

その精神性には、他者と比較して一喜一憂しない強い「個」を感じます。自分自身がどんな人間なのかを正しく理解すれば、おのずと他者を受け入れ、認めることができるようになります。

PART 5

孤立を防ぐ「縁」のつくり方

無理せず、気楽につながれる！

脱・孤立
01

孤独死を迎えないために、「縁」をもとに人間関係を豊かにする

人間には、家族や親族の「血縁」や、地域のつながりである「地縁」があります。わたしはほかにも、学校や同窓生の「学縁」、職場の「職縁」、趣味を通じた「好縁」、信仰やボランティアなどによる「道縁」など、さまざまな縁を提唱しています。

縁の象徴であり、わが国に古くから根づいていた「血縁」と「地縁」は、個人主義の台頭や地域コミュニティの衰退で、存続の危機に直面しています。最近は、年長者のなかからも、「もう、血縁と地縁に期待するのは無理なので、新しい縁を探さなければならない」という声がよく聞こえてきます。

たしかに、これからは「好縁」や「道縁」などの新しい「縁」の存在が重要になってくるでしょう。また、インターネットのSNS(ソーシャル・ネットワーキング・サービス)でつながる「電縁」も存在感を増す一方です。

しかし、それよりも、**崩壊しかかっている「血縁」と「地縁」を再生することのほうが先**なのではないでしょうか。わたしたちは、「血縁」と「地縁」をあきらめてはならないのです。なぜなら、人間とは、どこまでも「血縁」と「地縁」から離れることができない存在だからです。

人間の幸福は「凧《たこ》」のよう

人間は、ひとりでは生きていけません。では、だれとともに生きるのでしょうか。まずは家族であり、親族であり、そして隣人です。一方で、考えてみれば、「家族」とは最大の「隣人」なのかもしれません。

現代人はさまざまなストレスを抱え、不安な気持ちで生きています。わたしは、人

「縁」と「絆」の違い

縁

“先天的”
だれでももっているもの

- **血縁**
  家族や親族との縁
- **地縁**
  地域でのつながり
- **学縁**
  学校や同窓生とのつながり
- **職縁**
  職場の上司や後輩、同期、仕事相手とのつながり
- **好縁**
  趣味を通じて出会った人とのつながり

絆

“後天的”
苦しい経験を経て得るもの

- 災害の被害に遭い、立ち直った経験による絆
- 家族で困難な状況を乗り越えた経験による絆

間の幸福をよく「凧」にたとえますが、現代人の心はまさに、空中に漂う凧のようなものです。その凧が安定して空に浮かぶには、縦糸と横糸が必要なのです。

縦糸は、時間軸で自分を支えてくれるもの、つまり「先祖」のことです。この縦糸を「血縁」と呼びます。また、横糸とは、空間軸から支えてくれる「隣人」のことで、いわゆる「地縁」にあたります。この縦横のふたつの糸があれば、凧は安定して宙に漂っていられます。すなわち、心安らかに生きられるのです。これこそ、「幸福」の正体ではないかと思

います。

よく混同されますが、**「縁」と「絆《きずな》」は違います**。「縁」は、だれでももっているものですが、「絆」は、苦労や苦難などの苦しい共通体験を経て獲得するものです。換言すれば、「縁」は先天的で、「絆」は後天的といっていいでしょう。

この世に「縁」のない人はいません。どんな人も、必ず血縁と地縁があります。そして多くの人は、学縁や職縁、道縁などを得ていくでしょう。この世は最初から多くの「縁」に満ちているのです。ただ、それに多くの人びとは気づかないだけなのです。

年を重ねると、親しかった人とも疎遠になったり、新たな人間関係を築くのも面倒になったりします。でも、あなたの周りには、たくさんの「縁」があります。一歩足を踏み出していけば、高齢になってからでも、豊かな人間関係が築けます。

年長者の作法

一歩踏み出して「縁」に触れて、豊かな人間関係を築く

脱・孤立
02

人と人をつなぐ〝あいさつ〟は、「孤独死対策」の簡単な秘策

「孤独死」に国や法律による定義づけはありませんが、おおむねひとり暮らしの人がだれにも知られず息を引き取ることとされます。ひとつの指標として、東京都観察医務院の統計によると、２０２０年に都内23区で発見された孤独死の数は６０９６人に上りました。２８６１人だった２００３年の３倍近くに増えています。なかでも、65歳以上の高齢者が７割を占め、依然として大きな社会問題になっています。

孤独死が一時相次いだ千葉県松戸市のある住宅団地で「孤独死ゼロ運動」に取り組んだ当時の自治会長の男性から話をうかがう機会がありました。自治会長の話では、

孤独死におちいる可能性のある「孤独死予備軍高齢者」にみられる特徴のひとつに、「あいさつをしない」ことがあったそうです。

そこで自治会長は、孤独死ゼロ運動の第一歩として、地域で積極的にあいさつを交わすことを奨励します。あいさつはだれでも簡単にでき、住民が取り組みやすかったからです。あいさつの活発化で運動に弾みがつき、孤独死を減らす成果を上げました。

孤独死の最大の原因は「孤立」です。逆にいえば、人間関係を充実させれば、孤独死は減らせます。あいさつには、人と人をつなぐ力があり、コミュニケーションのきっかけを生み、人間関係を一歩深めてくれます。

人との結びつきを確かめられるうえ、気軽に行動に移せるあいさつは、自分だけでなく、だれかを孤独死から遠ざける秘策なのです。

年長者の作法

だれかの孤独死を防ぐためにも、あいさつを欠かさない

脱・孤立
03

無縁社会から有縁社会へ。いまこそ「隣人祭り」のすすめ

ずいぶん前の話題になりますが、2010年にNHKスペシャル「無縁社会」という番組が放送され、大きな反響を呼びました。身寄りがなく、社会からも断絶された孤独な高齢者らが増えている実態を浮きぼりにした特集です。「無縁社会」という言葉はその年の流行語大賞に選ばれ、放送から10年以上経ったいまも、よく耳にします。

わたしは人の孤立化を強調する「無縁社会」という言葉に違和感をおぼえ、あえて「有縁社会」を唱え、人が家族や社会とかかわりあって生きる大切さを訴えてきました。

しかし、単独世帯化は明らかに進んでいます。2020年の国勢調査によると、全

国の単独世帯は2115万世帯で、全世帯の4割近くを占めました。単独世帯は増加傾向で、1678万世帯だった2010年よりも400万世帯以上増えています。

年齢別でみると、65歳以上の男性の単独世帯は230万世帯、女性は440万世帯に上り、女性では全体の4割を上回りました。とくに、75〜84歳の女性の単独世帯は、全世代の女性のひとり暮らしのなかで最も多いという結果が出ています。

いくら「有縁社会」の実現を求めても、単独世帯が増加しつづけている現状を考慮しなければ、実情に沿わず、「絵に描いた餅」に終わるでしょう。「有縁社会」の実現をめざすうえで、今後は単独世帯をいかに取りこむかが課題になるのです。

現代に必要な助け合いは「互助」

世の中の助け合いには、「自助」「共助」「公助」「互助」の4つがありますが、**年長の単身者に対しては、「互助」がもっとも大切**です。これは、家族や友人、地域といった個人的なつながりによる助け合い、またボランティアやNPO（非営利団体）による相互扶助が当てはまります。とくに、地域コミュニティは「社会とつながる場」として重要な意味をもちます。

わたしは、現代にマッチした「互助」として、いまこそ、「隣人祭り」を推奨します。隣人祭りとは、近隣の住民が地元の公園や集会場に料理や飲み物を持ち寄って、食事や会話を楽しむ催しのことです。「祭り」といっても、フェスティバルのような大がかりなイベントではなく、気軽に顔を合わせるための集いといえるでしょう。

隣人祭りは１９９９年、フランスのパリ市で始まりました。市内のアパートで高齢の女性が孤独死しているのが見つかったことをきっかけに、住民の交流を促し、孤立を防ぐ試みとしてスタートしたのです。隣人祭りは、またたく間にヨーロッパ全域に広がり、すぐに30カ国以上、１０００万人が参加する行事に成長しました。

これまでの日本の地域コミュニティは町内会やＰＴＡが中心でした。町内会は高齢化と担い手不足で活動が縮小し、ＰＴＡも子どものいない単独世帯の人にとっては縁のない組織です。その点、隣人祭りは、老若男女が参加でき、単独世帯の人も気軽に顔を出すことができます。

わたしは、隣人祭りを地元の福岡県北九州市にもちこみました。いまも、地域のお年寄りを招いて定期的に開き、交流の機会を提供しています。参加者からも「性格が内向的で家にこもりがちだったが、気持ちが積極的になった」「共通の趣味の仲間を見つけた」と好評を得ています。サークル活動やボランティア活動のメンバーを募ったりもでき、地域のつながりをさらに広げる効果もあります。

隣人祭りは20年以上も前に誕生したものですが、単独世帯が増えつづける現代にこそ、その意義が再評価されるべきです。隣人祭りは、人間関係を深め、「無縁社会」から「有縁社会」に転換させてくれる原動力になるに違いありません。

年長者の作法

「隣人祭り」で地域の人と交流を深め、住民の孤立を防ぐ

脱・孤立
04

助け合い・相互扶助の精神を、他者に対する誠実な言動で育む

２０１１年に起きた東日本大震災は、２万人を超える犠牲者を出した未曽有《みぞう》の大惨事でした。世界中を悲しみに暮れさせた一方、ボランティアの活躍はみなさんの記憶に残っているのではないでしょうか。

全国から集結し、被災者の救出活動に参加したり、避難所の炊き出しを引き受けたりと、「相互扶助」の精神の底力が発揮されていました。ほかにもさまざまな人が泥かきを手伝ったり、被災者の壮絶な体験談に耳を傾けたりと、多様な分野で活躍し、同じ日本人として、頼もしく思ったものです。

1995年の阪神大震災のときも、ボランティアが初めて組織化され、「ボランティア元年」といわれました。日本のこうしたボランティアの歴史をたどると、日本人には相互扶助の本能が宿っていると思えるのです。

彼らを被災地に向かわせた原動力はもちろん、道徳心や正義感でしょう。ですが、「それだけではない」と思うのです。

つまり、彼らは、**人間としての「本能」に突き動かされ、「相互扶助」の精神を行動に移していた**のだと考えています。

人間は生まれながらにして「惻隠《そくいん》の心」をもつ

〈目の前で井戸に落ちかけていた幼い子を見たら、だれでも、なにも考えずにとっさに助けるはずだ。そこには、助けた恩を子の親に売って謝礼を手に入れようとか、善人としての評価を高めようとか、なにもせずに傍観して見殺しのそしりを免れたいとかのよこしまな心はないだろう〉。

古代中国の儒家であった孟子は、自身と弟子の言動をまとめた『孟子』の「公孫丑章句」で、弟子にこう諭しています。**人間には生まれながらにして、困っている人がいたら、かわいそうだと思う「惻隠《そくいん》の心」がある**として「性善説」を唱えました。

ロシアの政治思想家、ピョートル・クロポトキンは1902年に発表した著書『相互扶助論』で、生命が進化する条件は「相互扶助」であることを論証しました。

この本のなかに、ドイツの詩人ゲーテが登場します。ゲーテは、友人が飼っていた2羽のミソサザイのひなが飛び去って逃げだしたものの、翌日には近くにあるコマドリの巣の中で、コマドリのひなと一緒に養われていたという話を聞きました。

このエピソードに感動したゲーテは、「縁のない他者を養うことが、自然界のどこでも行なわれているとすれば、神の愛はいたるところに行きわたっている」と述べたそうです。

クロポトキンはこのエピソードに基づき、「生物のきわめて長い進化の流れのなかで、動物と人類の社会には互いに助け合う本能が発達してきた」と指摘しています。

災害ボランティアの活躍や孟子の性善説、クロポトキンの学説に触れると、人間には理屈では語れない、内面から湧きあがる「相互扶助」の精神が本能として宿っていると強く感じます。

わたしたちは、人になにかをしてあげて、それを感謝されたときには、言葉に表せないような充実感を得ます。たとえば近所の人の車のドアが開いたままになっているのに気づき、そのことを教えに行けば、必ず感謝されるでしょう。

つまり、日ごろから他人に対して誠実で好意的なふるまいをすれば、いっそう本能を研ぎすますことができますし、反対に不誠実で悪意のある態度をとりつづければ、本能は眠ってしまい、孤立してしまうに違いありません。

年長者の作法

相互扶助の本能を鈍らせないために、日々、誠実に人と接する

脱・孤立
05

人間関係をよくし、心も整える。掃除のもつ大きな効能

世界的映画監督だった黒沢明はセット撮影に入る前、出演者やスタッフの全員に雑巾《ぞうきん》を持たせて、セットのふき掃除をさせたとか。監督が先頭に立ち、主役から端役《はやく》の役者、大道具、撮影、照明、音響などの裏方まで、共同で掃除に精を出し、一体感を強め、一丸で映画をつくるという共通の目標に向かって気持ちを合わせたのです。

掃除は、地域の人間関係をよくするうえでも、重要な役割を果たします。自宅の前をホウキで掃くとき、ついでにお隣の家の前も掃くと、今度はお隣さんがまた次の家の前を掃くようになり、掃除の輪が広がっていくそうです。日本人は掃除によって、

お隣との心の交流を図ってきました。

掃除は「共同作業の代表」といわれます。年長者であれば、地域の清掃ボランティアに参加している人もいるでしょう。定期的に行なわれる駅前清掃や美化運動には、職業の枠を超えて、さまざまな人が参加しています。共同で掃除することを通じ、参加者は、ゴルフや飲み会とは違う連帯感を実感するそうです。

掃除をすることで得られるのは、美しい心、すなわち人間を豊かにする「心の豊かさ」です。昔から、お寺や武道の道場で、雑巾がけが修行の始まりといわれたのも、掃除が心を美しく整える営みだったからでしょう。

掃除は、自分の心を美しくし、さらには人間関係をよくしてくれます。年長者こそ、家庭や地域で、率先して取り組み、心を清らかにし、よい人づきあいを育みましょう。

年長者の作法
掃除で心を美しくして、老後の縁を生む

脱・孤立
06

ひとりで楽しむ趣味をもって、人間社会とのバランスをとる

「男はつらいよ」は山田洋次監督、故渥美清主演の日本映画を代表する名作です。1969年に第1作が封切られてから50年間、渥美さんの追悼作品を含めて50作にわたって上映されました。

主人公の「寅さん」は、いつもは全国をさすらうひとり旅をしていますが、思い立ったように東京・柴又の生家のだんご屋にふらっと帰ってきます。そこで、だんご屋の主人で育ての親のおいちゃんとおばちゃん、妹のさくらとその家族、タコ社長というあだ名の隣の印刷会社の経営者らと、悲喜こもごもの人間ドラマを繰りひろげ、寅さ

んはやがて旅に戻っていくのです。

これからの社会のキーワードは「家族」と「隣人」だと思います。そこにおける望ましいコミュニケーションは、不特定多数を対象とするのではなく、1対1の人間が肌のぬくもりを感じられる距離で言葉を交わすやりとりです。その見本が寅さんを中心とする人間関係にほかなりません。

おいちゃんが寅さんに「バカだねえ、まったく」と言うのも、寅さんを本気にバカにしているのではなく、愛しているから嘆いているのです。タコ社長があいさつもせずに勝手にだんご屋に入ってきても、だれも文句は言いません。タコ社長が寅さんやおいちゃんの機嫌を損ねることを口走ったときは、「出ていけ」と追いはらわれますが、それで近所づきあいが壊れることもないでしょう。自他を区別しない「人間愛」にあふれ、それがお互いに「以心伝心」で通じあっていることがわかります。

寅さんは、旅では自由で気ままな「ひとり」を楽しみ、里帰りすると濃密な「人間社会」のなかに身を置き、人とのつながりを確認します。この「ひとり」と「人間社会」のバランスが絶妙なのです。寅さんがひとり旅をしているとき、だれも彼のことを「孤独」だとは思いません。たまに寅さんを巻きこむ「人間社会」が、「無縁」のイメージを薄めてくれるからでしょう。

寅さんのように、ふだんは「ひとり」の気軽さを謳歌《おうか》し、ときに「人間社会」を通じて人との結びつきを確かめ、精神的に均衡の取れた老後を送りたいものです。

「孤立」と「無縁」が孤独死を生む

132ページで紹介した統計が示すとおり、高齢者の孤独死は増える傾向をたどっています。その現状をみてみると、孤独死を余儀なくされる高齢者は、圧倒的に身内や地域、社会から遮断《しゃだん》された人が多いことがわかります。

自分の体の異変をもっとも早く察知してくれる人は家族であり、次に気づいてくれるのは地域の人です。それらの人たちと疎遠になれば、孤独死におちいる確率が高まるのはどうしても避けられなくなります。

孤独死を生む社会的な背景は「孤立」と「無縁」です。

逆にいえば、孤立と無縁を遠ざければ、たとえひとり暮らしであっても、孤独死の危険から免れることができるでしょう。

そこで、わたしは、単身世帯の年長者に、ひとりでも楽しめる趣味や娯楽をもつことを提案します。盆栽、俳句、水墨画、写経、能、相撲、落語、骨董《こっとう》、三味線……。高齢者と相性がよく、ひとりでも楽しめたり、見に行ったりできる趣味や娯楽はたくさんあります。**趣味や娯楽に没頭すれば、気持ちに張りが出て、時間も有意義に使え、孤立感や疎外感が希薄になる**でしょう。

ひとりで楽しむ趣味や娯楽を見つけることが、「孤立」や「無縁」を感じない有効な一手になると思います。

年長者の作法

高齢者と相性のいい趣味や娯楽はたくさんあるので自分が没頭できるものを探す

脱・孤立
07

囲碁、風呂、盆栽、茶道、相撲……。グランドカルチャーを始める

高齢になって得られる「時間的なゆとり」を有意義に使える趣味や娯楽。そのなかでも、年長者の人生経験が生きるものを選んで実践してみましょう。

長年の経験を積んでものごとに熟達することを「老熟」、経験が反映されて大成することを「老成」といいますが、わたしは、**老熟や老成が生きる趣味や娯楽を「グランドカルチャー」と名づけました**。

年長者にとって、趣味や娯楽は老後に豊かさと潤いを与えてくれます。創作したり、感動したりすれば、脳がフルに使われ、老化防止にもつながるのです。趣味の合う仲

間を得ることもでき、人間関係の輪も広がります。グランドカルチャーにふれ、グランドライフを輝かせましょう。

どんな趣味・娯楽であれ、自分が夢中になれるものであれば結局はなんでもいいのですが、まだそういうものが見つかっていないという人のために、ここでは5つのグランドカルチャーについて紹介しておきましょう。

①家康も好んだ「囲碁」

グランドカルチャーで真っ先に思い浮かぶのは、囲碁です。

将棋が「人間界の戦争」を模しているとするならば、なにもないところから縦横19路の広い盤上に石を置いていく囲碁は、「宇宙」を模しているとされます。囲碁は宇宙の創世を再現しているといえるのです。3000年以上も前に中国で生まれたといわれる囲碁の黒白の石は、いうまでもなく陰

陽の気そのもの。ふたりの対局者が盤上にそれぞれの石を置いていくことは、陰陽の二気による「天地の創造」（天地創造の反復）ともいえるでしょう。

「戦争」ではなく、「創造」。将棋に比べて負けたときの敗北感が少ないといわれることがあるのも、囲碁に〝戦いであって戦いでない側面〟があるからかもしれません。

囲碁は、年長者に求められる俯瞰《ふかん》と友好を内包した文化だといえると思います。

日本でゲームとしての囲碁を確立した天台宗の寺院、京都寂光院《じゃっこういん》の僧侶の日海上人はのちに本因坊算砂《ほんいんぼうさんさ》を名乗り、織田信長、豊臣秀吉、徳川家康の師となりました。とくに家康は算砂を軍師として尊び、天下統一を機に各地に碁所を設けています。

②江戸で栄えた「銭湯」

お風呂もグランドカルチャーの代表例です。

日本人は風呂好きで知られますが、とりわけ、年長者で風呂が嫌いな人は少ないかと思います。文化的にも産湯に始ま

り、湯灌《ゆかん》に終わる日本人は、生まれながらに「湯」と縁深いのです。毎日必ず湯舟に浸かり、体と心を温めながら、1日を、さらには人生を振り返るのは、老いを実感しつつ、これからどのように生きていくかを見つめる、重要な時間です。

日本最古にして最大の浴場は奈良の東大寺の「大湯屋」で、体を清めたり、宗教的精神を養ったりする目的で設置されました。営業目的の大衆浴場がつくられたのは江戸時代で、1591年に初めて銭湯が登場しました。江戸っ子は風呂が大好きで、熱い湯にがまんして入ることを美学にしたといいます。

温泉や銭湯で、赤の他人との裸のつきあいをすることで、若いころを思い出したり、文化や歴史に思いをはせたりするのも高齢者ならではの楽しみ方だといえます。

③箱庭療法に通じる効果もある「盆栽」

箱庭のような小さな空間に大自然を宿す盆栽は、人生を達観した年長者にうってつけです。古代中国では、小宇宙のなかに大宇宙が宿るという思想があります。

盆栽という小さな自然のなかでは、大自然、さらには宇宙まで表現できるのです。

現代心理学に「箱庭療法」というものがあります。砂の入った箱の中に、人や動植物、建物などのミニチュアを自由に配置し、そのレイアウトから心理状態を推察する療法です。抱えているストレスに気づけなかったり、心の状況を口に出して説明できなかったりする患者に用いられます。箱庭づくりを通じて、ストレスの存在を認識し、それを発散し、心を穏やかにする効果があるといわれます。

盆栽には、箱庭療法に通じるものがあります。作り手が盆栽を自然や宇宙に見立てて形作ることで、そこにストーリー性が生まれてきます。ストーリーのもつ力によって、これまでの長い人生を振り返りつつ、心を癒《い》やすこともできるのです。

④一《いち》期《ご》一《いち》会《え》の精神でもてなす「茶道」

茶道は、決められた作法でお茶をたて、飲むだけのものではありません。茶道具や茶室に置かれた美術品など、幅広い知識や感性が必要とされる奥深い総合芸術で、人生経験を積み重ねてきた年長者にふさわしい文化です。

「1回の茶道の稽古《けいこ》は、企業で行なわれている研修の10回分に相当する」と語ったのは、東京国際大学教授で日本文化研究家の呉善花《オソンファ》氏です。「茶道には、企業の研修にはない、おもてなし、礼儀作法の修行が入っている」と述べました。

茶道は、茶室という狭い空間でお茶をたてて、客をもてなします。客の息づかいまで聞こえるような至近距離で接客することで、感覚が研《と》ぎすまされ、相手がなにを求めているかを自然に察知できるようになるそうです。

「一生に一度だけの機会」という意味の四字熟語「一期一会」は、茶道からきています。一期一会を日本で初めて文字としてあらわしたといわれる戦国時代の茶人、山上宗二《やまのうえそうじ》は日本を代表する茶人、千利休《せんのりきゅう》の弟子にあたります。彼は著作『山上宗二記』に、「(茶の湯で)いついかなるときも、客を一生に一度しか出会いのないも

のとして、悔いのないようにもてなしなさい」と記しました。

茶道でのおもてなしとは、相手との出会いを一生に一度と思い、最高のお茶を提供することです。礼儀を尽くして、相手を尊重し、心から敬意をあらわします。

一期一会の精神でおもてなしし、相手に尊敬の気持ちを伝えることの大切さは、そのままふだんのふるまいにも生かすことができます。

⑤長い歴史が年長者を引きこむ「相撲」

相撲観戦も、グランドカルチャーです。

日本最古の書物『古事記』のなかに、建御雷神《たけみかづちのかみ》と建御名方神《たけみなかたのかみ》という二柱の強力な神が力競《くら》べをして、建御雷神が勝ったという記述があり、これが相撲の起源といわれています。

時代が進み、相撲はいつしか闘いより、豊作を願い、神に奉納する神事として披露されるようになりました。奈良時代の歴史書『日本書紀』によると、６４２年、当時の皇極《こうぎょく》天皇が百済《くだら》の国から来た使者をもてなすために、宮廷の兵士を召集して相撲をとらせたとあります。

力士は「チカラビト」と呼ばれ、その頂点である横綱は最強を意味する「日下開山《ひのしたかいざん》」の異名をもつ霊能力者とみなされました。その横綱が執り行なう土俵入りは、魔術的な行為だったのです。

1日一番、目の前の取り組みに集中し、日々鍛錬を欠かさない力士たちの姿をテレビや国技館などで目のあたりにすれば、残りの人生を豊かに過ごすためにできることを考え、実践していこうという気持ちが湧いてくると思います。

年長者の作法

グランドカルチャーによって楽しみながら残りの人生を考える

脱・孤立
08

身近に友がいなくても、ネットで〝趣味の友〟は広がる

高齢者はパソコンやスマートフォンなどのＩＴ（情報通信）機器が使えないと思われがちです。情報にうとい「情報弱者」などと、差別的な言い方をされることもあります。「自動車運転免許証を返納しない高齢者は『老害』だ」と決めつけるレッテル貼《は》りと同じ感覚なのでしょう。

「お年寄りはＩＴ機器を使いこなせない」なんて、いったいいつの時代の話をしているのでしょうか。パソコンが普及して30年近く、スマートフォンが発売されて15年近くが経っているのですから、高齢者への浸透もだいぶ進んでいます。

パソコンやスマートフォンでアクセスできるインターネットは、情報分野の利便性を飛躍的に向上させました。なかでも、SNSはだれでも簡単に利用でき、個人でもウェブ上で世界中に情報発信できることから、急成長しています。短文投稿サイトの「Twitter《ツイッター》」(今は、「X《エックス》」に名前が変わりました)や、写真・動画投稿サイトの「Instagram《インスタグラム》」、実名登録制の「Facebook《フェイスブック》」などが有名でしょう。

SNSは世界中の人と通信でき、親密な人間関係を築くのを手伝ってくれるので、目的や趣味の近い人であれば、年齢を問わず、新しい縁もつくることができます。

148～155ページで紹介したグランドカルチャーに関する調べ物を容易にしてくれたり、グランドカルチャーでつくった作品を発表したりする場にもなり、近所に仲間がいなくてもネット上で気楽な仲間を見つけたり、自己表現欲を満たしたりできます。あなたと同じくらいの年代の人や、それより上の人からも、日常的にグランドカルチャーに関連する情報が発信されています。

匿名主義が生む弊害

ただ、ＳＮＳの利用には注意が必要です。ＳＮＳは情報分野に「光」を当てましたが、「影」をもたらしたことも見逃してはいけません。ＳＮＳは「Facebook」など一部のサイトを除き、基本的に匿名主義です。**匿名をいいことに、個人や企業などを誹《ひ》謗《ぼう》中傷する者が後を絶たず、大きな社会問題**になっています。

近年、ＳＮＳで罵詈雑言《ばりぞうごん》を受けつづけ、精神的に追いつめられたことが一因で自ら死を選んでしまう人についてのニュースを目にすることが増えました。ここぞとばかりに、寄ってたかって「集中砲火」を浴びせ、文言のなかには、見るも耐えない過激な内容もありました。健全な批判や反論は「言論の自由」として尊重しますが、正当性を欠く理不尽な罵《のの》りや人格を否定する悪口は「言葉の暴力」にすぎず、けっして許されません。

自殺のニュースが流れたとたん、いっせいに誹謗中傷のコメントなどを削除する動きがみられますが、卑怯《ひきょう》以外のなにものでもありません。発信者は、これで身を隠したと思っているかもしれませんが、そうはいきません。SNSの運営者を通じて発信者を照会できる制度があり、いくら匿名でも、削除しても、特定されます。発信者が割りだされて、逮捕にいたった事例も年々増えているのです。

このように、SNSには功罪があります。「罪」を犯さないためには、ネットの仕組みを理解し、発信される情報を正しく判断・運用できる能力が求められます。これは「ネット・リテラシー」と呼ばれる、ネット上のマナーです。

リテラシーを高め、インターネットを賢く使えれば、年齢に関係なく日々を豊かにする手段になりうるのです。

年長者の作法

ネット上でもマナーを重んじ、趣味を楽しむ一助として活用する

脱・孤立
09

病気や死を受け入れる健康観が、孤立のない「思いやり社会」をつくる

現在、世界的な潮流になっているSDGsは2030年を目標期限とし、その年をもっていち段落します。そして、SDGsが終わったあとに、次世代の概念として主流になるであろうと予想されているのが「ウェルビーイング（well-being）」です。

ウェルビーイングとは、「心身とも社会的にも良好な状態」を意味する考えで、ひとまとめに「幸福」と翻訳されることもあります。WHO（世界保健機関）憲章の前文には、「健康とは、病気でないとか、弱っていないということだけではなく、肉体的にも、精神的にも、社会的にも、すべてが満たされた状態（well-being）」とあり、ウェ

ルビーイングの言葉はそこからとられています。

WHOは1986年、「健康都市」構想を打ち出しました。健康維持の責任を個人だけに負わせるのではなく、社会全体で住民の健康増進をはかろうという試みです。ウェルビーイングはその構想を形にする取り組みといっていいでしょう。

ビジネス界でも、自分が幸せだと感じる働き手が、創造性にあふれ、仕事で高い能力を発揮することが、さまざまな調査でわかっています。企業のなかには、従業員のウェルビーイングを向上させる職場づくりにいち早く取り組んでいるところもあります。

そんな「ポストSDGs」に位置づけられているウェルビーイングですが、じつは重大な欠陥があることを見逃してはなりません。それは「死」に関する視点が抜け落ちていることです。死には「終末期ケア」や「グリーフ（死別による悲しみ）ケア」など、死を迎えた当事者や残された遺族に寄り添うさまざまな支えが必要です。死は「健康」を考えるうえで無視できるものではなく、**死を抜きにしたウェルビーイングは意味がありません。**

ウェルビーイングを補完する「コンパッション」

ウェルビーイングと相互に補完しあうべく登場したのが、「コンパッション都市」の構想です。「コンパッション」は英語で、直訳すると、「思いやり」にあたります。アメリカの医療社会学者、アラン・ケレハー氏はコンパッション都市について、2022年に刊行された同名の著書で「病気、高齢、死別を包括し、それに携わる市民を支援する地域コミュニティ」と定義づけています。**コンパッション都市は、ウェルビーイングに加え、終末期ケアやグリーフケアをはじめとする「死」の分野も取りこみ、健康を総合的に支えあう社会づくりをめざしている**のです。

「死」も受け入れたコンパッション都市構想こそが、ポストSDGsの健康づくりの中核的概念としてふさわしいでしょう。「都市」といっても、大きな行政単位を指しているのではなく、「コミュニティ」や「共同体」など、小さな組織を想定しています。

構想の事業主体は地方自治体、医療保健機関、福祉施設、緩和ケア・グリーフケア関連事業者、葬儀会社ですが、コンパッション都市構想を先取りするような取り組みとして「ご近所見守りパトロール」や「死を迎える準備を促す移動教室」などのサービスもメニュー化されています。あなたがもし元気で、身近にこのような取り組みがあれば、主体的に参加してみてはどうでしょう。

自分が高齢だからといって、医療・福祉サービスを受けるだけの受動的な立場では、かえって老けこみがちになり、健康が遠のかないともかぎりません。

健康増進をはかるサービスの受け手から担い手に転換できれば、気持ちに積極性が増し、生活も充実します。同年代の人に健康を提供する側に回ることで、自分も健康になれる相乗効果も期待できます。コンパッションを絶やさず、社会全体で支えあうことができれば、年長者もそうでない人も気持ちよく生きられると思います。

年長者の作法

ウェルビーイングとコンパッションを実践することで社会全体を豊かにする

コラム⑤

相手との常識の違いが人生をおもしろくする

新たな縁を求めていつもと違う世界に飛び込み、だれかと話しているとき、その人の態度や発言に対して「失礼だ」「モラルがない」「マナー違反だ」などと怒りを感じる場合もあるかもしれません。人生経験に違いがあれば、別の常識が生まれます。自分の常識とのズレを感じとったとき、いちど、相手の人生に思いをはせてみてください。相手が今までどのように生きてきたのか、発言から考察してみると、自分の人生との違いも浮きぼりになり、人間関係のもつおもしろさにも気がつくと思います。それでも、納得できないような態度・発言をする人とも出会うでしょう。そんなときはひととおり話を聞いてみてください。聞き終えて、自分以外にも悪影響が出ると思ったら、「袖振り合うも多生の縁」と考え、やんわり指摘しましょう。年長者ならではの寛容さと余裕のみせどころです。人とかかわり、違和感が生まれたときこそ、「有縁」のおもしろさを体感するチャンスです。

PART 6

できるだけ後悔を減らす！「人生の最期」に備える覚悟

覚悟
01

四住期の考えでは、75歳からは「死に際」や「悟り」を探す時期

インドには、「老い」をテーマにしたライフサイクル論が存在します。ヒンドゥー教の「四住期《しじゅうき》（アーシュラマ）」という思想です。人間の一生を「学生期《がくしょうき》」「家住期《かじゅうき》」「林住期《りんじゅうき》」「遊行期《ゆぎょうき》」の4つに分けて考えました。

学生期は8〜25歳ごろにあたり、師に絶対的に服従し、ひたすら学びに励み、厳格な禁欲を守らなければなりません。次の家住期は25〜50歳ごろで、親の選んだ相手と結婚し、仕事をして生計を立てる必要に迫られます。同時に子育ても行なって子孫を確保し、祖先への祭礼が絶えないように心がけなければなりません。

第3の林住期は50～75歳ごろで、それまでに得た家族や財産を捨て、社会的義務からも解放され、人里離れたところで暮らします。最後の遊行期は75歳ごろからで、この世への執着をいっさい捨てさり、物乞《ものご》いをしながら巡礼して歩き、自分の「死に際《ぎわ》」や「悟り」を探すのです。

遊行期では、永遠の自己と同一化して生きることをすすめ、「**いかに老いを豊かにするか**」ということを唱えています。

四住期からは、「老後を豊かにし、充実した時間のなかで死を迎える」という考えがみてとれます。

遊行期は、人生の終わりに向けて準備をする期間です。四住期の考えにならい、人生を悔いなく「修められる」よう、満たされた老後をめざしましょう。

年長者の作法

「林住期」「遊行期」を意識して、年を重ねる

覚悟
02

多様化する「墓じまい」「墓じたく」は、家族と事前相談して選択する

年を重ねれば、ご自身のお墓のことを考える機会も多いのではないでしょうか。

近年、お墓の選択肢は多様化しています。以前は「自分が死んだら、先祖の墓に入る」ということに対し、とくに疑問はなかったかと思います。長男の妻であれば、なんの疑いもなく、「嫁ぎ先の墓に入る」と考えたでしょう。

しかしいまは、先祖のお墓を引っ越しする「墓じまい」、新たにお墓をつくる「墓じたく」など、選択肢が多様化しています。「○○家代々の墓」という「家墓」でなく、ひとりで入る「個人墓」にシフトしているのです。

近年、さまざまな事情から「夫と同じお墓に納まるのは嫌」という女性も増えてきました。また、長男だとしても、先祖代々のお墓に入るのではなく、自分らしいお墓に入りたい、あるいは通常とは異なる墓で弔《とむら》ってほしい、という人も増加傾向にあるのです。

一般的な埋葬法以外であれば、骨を骨壺に納めて土に埋め、その上に木を植える「樹木葬」や、海に散骨する「海洋葬」などの自然葬は、みなさんも聞いたことがあるかもしれません。これらは関心をあつめていますし、実際に供養のプランのひとつとして紹介・実施されています。

一方で、友人同士で同じお墓に入りたいという「墓友《はかとも》」という考え方も生まれています。これらは、個人の価値観の細分化や、核家族化が進んで家族像の変容した影響だと思われます。

どうしたいか、きちんと家族に伝えておく

「墓じまい」というと、「墓の処分」という意味に思える、という方も多いと思いますが、実際には遺骨を移動させ、新たな納骨先を見つけることです。

移動先としては、納骨堂はもちろんのこと、自然葬によって海や土に還すという場合もあります。納骨堂の場合は、お墓よりも費用の負担が少ないこと、手入れが必要ないなどのメリットもありますが、収蔵期間が決められていることが多いというデメリットもあるのです。

お墓自体を移転する「改葬」もあります。都市部からのお墓参りが大変であること、ふるさとのお墓の老朽化や環境の悪化などが原因で、ふるさとから現住所に近い場所にお墓を移す人も増えました。ただし、「改葬許可証」や「埋葬証明書」など複数の書類が必要になります。地域によって、手続きなどに多少違いがあるので、思っている以上に手続きが大変です。

あなたが**新しいスタイルの「墓じまい」「墓じたく」を考えているのなら、前もって家族ときちんと話しあってください**。

家族は、従来型のお墓を望んでいるかもしれません。価値観の違いが埋まらないまま、そのときを迎えてしまうと、あなたの死後に墓を守ってくれる家族に迷惑をかけかねません。

ビジネスで意思疎通を図る「ホウ・レン・ソウ」と同じで、家族のあいだでも「報告・連絡・相談」が必要です。コミュニケーションで重要なのは「なにを伝えたか」ではなく、「なにが伝わったか」です。

お墓については、重要でデリケートな問題のため、なおさらです。家族としっかりと話しあい、気持ちよく送ってもらえるようにしましょう。

年長者の作法

家族と相談して、新しい「墓じまい」「墓じたく」を検討する

覚悟
03

「死」は不幸なものではなく、めでたく祝うものと考える

〈太陽と死は直視することができない〉。17世紀のフランスの貴族で文学者のラ・ロシュフーコーの言葉です。太陽はまぶしすぎて、死は目をそむけたくなって、いずれも凝視できないという共通点があるということを表現しています。わたしは、太陽と死にはもうひとつ、「平等」であるという共通点があると考えています。

太陽の光は、あらゆる地上の存在に対して平等に降りそそぎますが、死も同じです。

2016年にインドを旅行する機会がありました。聖地バラナシでヒンドゥー教徒が「聖なる川」と呼ぶガンジス川を小舟で渡ると、大きな火葬場が見えました。「マ

ニカルニカー・ガート」といわれる国際的にも有名な施設で、遺体を火葬する煙が24時間途絶えることがありません。わたしは舟の上から、合掌しました。すると、火葬場越しに昇る朝日が目に入ったのです。太陽と火葬場が重なる光景を見て、太陽と死の平等性を実感しました。

日本人は人が亡くなると、「不幸があった」と言います。ですが、死なない人はいません。必ず訪れる「死」が不幸であるなら、どんな生き方をしようが、人生は結局、不幸でしかなくなってしまいます。これではあまりに悲しすぎるでしょう。

古代の日本では、めでたいことを祝う「祝《はふ》り」も、死者を葬《ほうむ》る「葬《はふ》り」も同じ意味でした。「祝＝葬」であることを、わたしたちの祖先は知っていたのです。**死を「不幸」と呼んでいるうちは、日本人は幸福になれない**と思います。

年長者の作法

平等に訪れる死を、不幸なものととらえない

覚悟
04

エンディング・ノートを進化させた「修活ノート」に書き残す

人生の最期を迎える前に、遺族あてに「エンディング・ノート」を書き残す高齢者も増えてきました。認知度も高まり、大きな書店や文具店のなかには、独立したコーナーが設けられているところもあります。

エンディング・ノートの役割は大きく分けてふたつあります。**ひとつ目は、遺族を迷わせないこと**です。どんなお葬式を営んでほしいのか、どういうお墓を建ててもらいたいのかなど、死後の希望を伝えることができます。

遺族にとって、これを知らずに先立たれると、お葬式やお墓の問題にかぎらず、大

修活ノートに書く内容

● 自分のこと

・名前、生年月日、住所、本籍地、血液型
＋自分史
（学歴、職歴、記憶に残っていること、引っ越し歴など）

● 相続、財産

・預貯金資産
・その他の資産

● 支払い関係

・借入金、ローンなど
・クレジットカード
・年金、保険
・携帯電話、パソコンのアドレスやパスワード

● 身近な人のこと

・家族、親族一覧表
・友人・知人一覧表
・ペットについて

● 死の前後のこと

・告知・延命治療、臓器移植
・葬儀やお墓について
・遺言書

いに悩むことでしょう。本人の意思が書かれていれば、判断の基準がわかり、とても助かると思います。

たとえば、病気の告知や延命治療、臓器移植を望むかどうかなどのデリケートなことも書き留めてかまいません。手持ちの財産やローンなどを記す資産リストもノートに残っていたら、遺産を整理する遺族にとってたいへん役立ちます。

エンディング・ノートに「自分史」をプラスする

エンディング・ノートの**もうひとつの役割は、自分の人生を振り返る機会になること**です。わたしは、43ページなどでもご説明したように、「人生を終える準備」を単純に表す「終活」という言葉より、「人生を修める準備」というニュアンスをふくむ「修活」という言葉を好んで使います。

わたしは「修活ノート」というものを提案していますが、このふたつ目の役割を重視し、一般のエンディング・ノートにプラス機能をもたせて、進化させたものになります。

たとえば、自分史を付け加えてはどうでしょう。記憶に強く残っている思い出を、時系列順に書き出すと、あなたの人生が明らかになります。これを記録に残す作業は、これまで歩んだ道を顧みるだけでなく、これからの残りの人生をどう生きるかを考える好機になるはずです。

人生をどう修めようか、という決意を書き込んでもかまいません。決意といっても堅く考えず、「死ぬまでにやっておきたいこと」を気楽に書き連ねればいいのです。

ノートの最後には、愛する人へのメッセージも書き添えてほしいと思います。残された人たちは、きっとその言葉に救われ、故人を失った悲しみとしっかり向き合えるでしょう。

年長者の作法

人生をどう修めるかをノートに書き、実践していく

覚悟
05

お葬式は「人生の卒業式」。お祝いして送り出そう

沖縄では、「トシビィ」と呼ばれる「生年祝い」が盛んに営まれます。「礼節を重んじる」という意味をもつ「守礼之邦《くに》」にふさわしい風習といえるでしょう。

トシビィは数え13歳、25歳、37歳、49歳、61歳、73歳、85歳、97歳と、干支《えと》（厳密には十二支）が一回りする12年周期で行なわれ、なかでも、97歳を迎えたら「カジマヤー」といって盛大にお祝いされます。

カジマヤーとは「風車」のことで、97歳ともなると、幼児に戻って風車を回して遊ぶという純真無垢《じゅんしんむく》な心をたたえるのです。カジマヤーとは、なんとも詩的で、素敵な

言葉ではありませんか。

わたしは、人生とはたとえるなら1本の鉄道線路のようなものであると考えています。山あり、谷あり、そしてそのあいだには、いくつもの駅（ステーション）があるでしょう。

じつは、「ステーション」という英語の語源は「シーズン」つまり季節からきています。季節というのは、流れる時間を区切ったもので、鉄道線路が時間であるとするならば、駅はさまざまな季節にあたります。

儀式を意味する「セレモニー」の語源

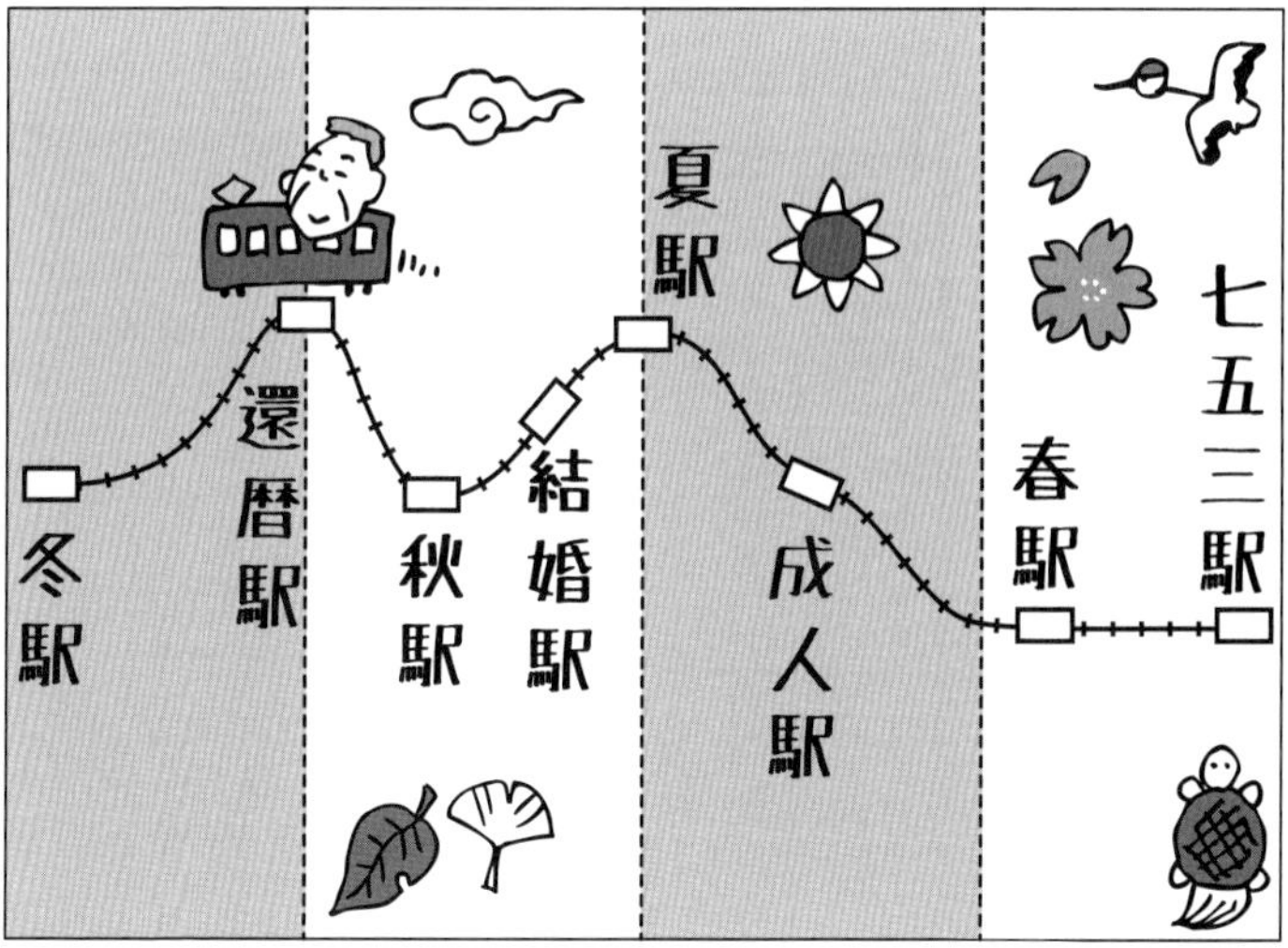

も「シーズン」に通じます。七五三や成人式、長寿祝いといった通過儀礼も人生の季節、人生の駅なのです。成人式や数え61歳の還暦は、特急電車や急行電車の停まるセントラルステーションのような大きな駅といえるでしょう。

わたしは、**「死」は「人生を卒業すること」であり、「お葬式」とは「人生の卒業式」である**と考えています。お葬式にかぎらず、人生のすべての通過儀礼の本質は「卒業式」に通じるのではないでしょうか。

七五三は乳児や幼児からの卒業式であり、成人式は子どもからの卒業式といえるでしょう。通過儀礼の「通過」とは「卒業」を指すのです。

ネアンデルタール人は人の死を祝い事とみなした

約7万年前にヨーロッパに居住していた、旧人類のネアンデルタール人の墓がトルコにあります。この墓から出土した化石を手がかりにして、考古学者がいくつかの事実を明らかにしました。

まず、ネアンデルタール人たちが、近親者の遺体を特定の場所に葬っていたことです。そして、死者を埋葬する際に、花の上に寝かせていたことも突きとめました。これらのことから、ネアンデルタール人が人の死を祝い事とみなしていたことがわかります。つまり彼らは、人が死ぬということは、別の世界に移り住むことだと考えていたのです。

お葬式は「人生の卒業式」であると同時に、「魂の引っ越し祝い」でもあります。別の世界へ移り住んだ故人の魂を、みんなでお祝いして、送ってあげましょう。そして、いつか自分が「卒業」し、「引っ越す」という事実を噛《か》みしめながら、それまで年長者にふさわしいふるまいを実践し、身の回りの人のための「修活」を続けていただければと思います。

年長者の作法

葬儀によって、「人生を卒業」した人に、「魂の引っ越し祝い」をする

覚悟
06

3つのコツで「断捨離」し、生前に自分を見つめ直す

ピーク時ほど盛り上がりはなくなったものの、「断捨離」はいまだに流行しています。身の回りで不要になった物を整理することで、執着心や世俗から離れた状態をつくるヨガの修業体系の「断行・捨行・離行」の頭文字を取ったものです。

死を迎えるときが近づく年長者にとっては、将来遺品になる物を生前に整理する「終活」の一部に位置づけられています。**断捨離は必要な物と要らない物を分けることを通じ、自分を見つめ直す作業**といえるでしょう。

断捨離は、ライフスタイルの変更に合わせて生活をシンプルにしていくことです。

子どもが独立したら、それまで使っていたファミリー向けの大型車も、いまの生活にマッチしているかどうかを考えてみてください。

断捨離のコツは「①1年間ルールを決める」「②足すのではなく、入れ替える」「③小さな成功例をつくる」の3つです。

「①1年間ルールを決める」は、「1年間、着なかった服やはかなかった靴は捨てる」というふうに、1年間の猶予期間を設けてあらかじめルール化し、それに基づいて1年後に「残す」「捨てる」を判断します。

「②足すのではなく、入れ替える」は、「新しい物を買ったら、古い物は捨てる」「増えたら、減らす」を決まりにすることです。住まいがそれにあたるでしょう。一戸建て住宅に住んでいる人も、年を重ねて夫婦ふたりになれば、広すぎますし、階段もあり、年長者には住みにくい側面があります。その点、マンションは狭いですが、中心市街地に近い物件も多く、生活の利便性は高まるし、エレベーターも完備しています。一戸建てを手放し、マンションに移り住むのも、大きな断捨離といえます。

「③小さな成功例をつくる」は、「使いこんだ安価なボールペンは捨てる」というふうに、ささやかな断捨離の実績を重ねることです。必要のない物が身の回りからなくなれば、すっきりすることが実感でき、次の成功例をつくる動機になるでしょう。

子どもがいる人は一緒に断捨離を

子どもがいる人は、一緒に断捨離の作業をすることをおすすめします。「あなたの小学校の卒業証書が出てきた」「これはあなたが高校の学園祭の演劇に出たときの衣装」。物品を整理しながら、それぞれの物にまつわる親子の思い出を語りあうのです。人生を振り返る時間を親子で共有する大切な機会になります。

現代の断捨離を象徴的にあらわすのが、デジタル系の断捨離です。年長者のみなさんのなかでも、メールやSNSを日常的に使っている人は少なくないでしょう。**現代**

では、メールのアドレスやSNSのアカウント（個人認識情報）も断捨離の対象になるのです。

複数の銀行口座を開いていたら、ひとまとめにするのと同じように、いくつかのアドレスとアカウントをもっていたら、ひとつに集約する必要があります。アドレスやアカウントの持ち主が亡くなり、管理不能になっている状態は好ましくありません。ブログの発信者が故人になっているのに、いつまでも生きているかのように作動したままでいるのは、周りの人にとって心地よいものではありません。最終的にひとまとめにしたアドレスやアカウントも、家族や親しい友人にその存在を伝え、亡くなったときには退会、あるいは削除をお願いするようにしておきましょう。

断捨離は、いまの自分にとって、本当に必要で、気に入った物だけをそろえる作業です。その作業を重ねていくと、これから自分はどう生きていきたいのかが見えてくるでしょう。

年長者の作法

断捨離をすることで、あなたのこれからの人生の指標を発見する

覚悟
07

「死別」とは、時間差で旅に出かけること

別れのなかで最もつらいのは、愛する人との死別ではないでしょうか。

とりわけ、子どもに先立たれた親の悲嘆の深さは、想像を絶するものです。

フランスには、「別れは小さな死」ということわざがあります。

つまり、愛する人の死は、本人が死ぬだけでなく、後に残された者にも小さな死をもたらすといわれているのです。

わたしたちの人生は、なにかを失うことの連続です。みなさんも、これまでにも多くの大切なものを失ってきたかと思います。しかし、長い人生においても、一番苦し

い試練とされるのが、「あなた自身の死に直面すること」、そして、「あなたの愛する人を亡くすこと」です。

わたしは、仕事柄、愛する人を亡くした人によく会いますが、そんな人に決まって語りかけるのは、「必ずまた会える」という言葉です。

死別はつらく悲しい体験ですが、それは一時的なものであり、永遠のものではありません。世の中には、さまざまな信仰や物語、慣用句があるでしょう。そのなかには、亡くなった愛する人に「風や光や雪や鳥や星として会える」「夢で会える」「あの世で会える」「生まれ変わって会える」というフレーズがよく出てきます。「月で会える」という歌詞の歌もありました。

死別というのは、時間差で旅に出かけるというものともいえるかもしれません。

先に逝く人は「では、お先に」と言い、残された人は「後から行くから、待っていてね」と声をかけるのです。

世界中の別れのあいさつには、「再会」の約束の意が込められています。日本語の

「じゃあ、また」も、中国語の「再見《ザイジエン》」も、英語の「See you again」もそうでしょう。フランス語の「A bientôt（ア・ビアント）」やスペイン語の「Hasta La Vista（アスタラビスタ）」も同様です。

古今東西の人びとは、再会の希望をもつことで、つらく悲しい別れを乗り越えようとしてきたのかもしれません。

一方で、こういう見方もできないでしょうか。「二度と会えないという本当の別れなど存在せず、必ずまた再会できる」と、人類は無意識のうちに知っていたという可能性です。

この無意識が、世界中の別れのあいさつに、再会の約束としての意味も込めさせたのではないかと、わたしは考えています。

再会を願う日本の歌

日本には、「**さよなら三角、また来て四角**」で始まる言葉遊び歌があります。

こんなに軽やかに別れのあいさつをする歌はほかにありません。全国各地で歌われ、土地土地で少しずつ歌詞が違っているようです。

わたしの故郷、福岡県北九州市では「さよなら三角、また来て四角、四角は豆腐、豆腐は白い、白いはウサギ、ウサギは跳ねる、跳ねるはカエル、カエルは青い、青いはバナナ、バナナはすべる、すべるは氷、氷は光る、光るはおやじのハゲ頭」でした。

子どものころによく歌い、最後まで歌いきると、「さよなら」の寂しさが、気づけば笑いに変わっていたのです。わたしも、この歌のように、明るく楽しく、笑いながら人生を卒業したいと思っています。

愛する人を亡くした人も、「また会える」を合言葉に、再会を楽しみにして生きていただきたいと思っています。

年長者の作法

死別する人とも、再会を楽しみに生きていく

コラム⑥

月を見るたびに故人に思いをはせる

わたしが経営する会社では、「隣人祭り・秋の観月会」という屋外イベントを毎年秋に開いています。月に向かってレーザー光線を飛ばし、故人の魂を送る「月への送魂」というアトラクションをメインにしています。レーザー光線は月を目がけて、夜空を一直線に突きぬけ、幻想的でスペクタクルな世界にいざないます。

月は「死」の象徴といわれます。古代の人は、月を死後の魂のおもむくところと考えました。死者を葬《ほうむ》り、見送ることを「葬送」といいます。「葬」という字には草かんむりがあり、草の下、つまり死者を地中に埋めることを連想させます。その点、「送」ははるか空に魂を送るというイメージがあります。レーザー光線の名称を「送魂」としているのも、魂は天空の月に送られてほしいとの願いを込めているのです。

「また会える」と信じ、月を見るたび、故人のことを思い出してみてください。

一条真也　*Shinya Ichijyo*

福岡県生まれ。早稲田大学政治経済学部卒業。大学時代から小笠原流礼法を学び、1989年には小笠原家惣領家第32代当主・小笠原流礼法宗家の小笠原忠統氏から免許皆伝を受ける。冠婚葬祭大手（株）サンレー代表取締役社長。九州国際大学客員教授。全国冠婚葬祭互助会連盟(全互連)会長、(一社)全日本冠婚葬祭互助協会(全互協)副会長を経て、現在、(一財)冠婚葬祭文化振興財団副理事長。2012年、第２回「孔子文化賞」を故稲盛和夫氏(稲盛財団理事長)と同時受賞。上智大学グリーフケア研究所の客員教授を務め、全互協のグリーフケアPT座長としても資格認定制度を創設。日本におけるグリーフケア研究および実践の第一人者としても知られる。各地の老人会を回り、「人は老いるほど豊かになる」と題する講演活動をボランティアで行なう。著書に『供養には意味がある』（産経新聞出版）、『人生の四季を愛でる』（毎日新聞出版）、『人生の修め方』（日本経済新聞出版社）、『儀式論』（弘文堂）、『決定版 終活入門』（実業之日本社）、『葬式は必要！』（双葉社）、『決定版 冠婚葬祭入門』（PHP研究所）などがある。

年長者の作法　「老害」の時代を生きる50のヒント
老いに親しむレシピ

著　者　一条真也
編集人　新井 晋
発行人　倉次辰男
発行所　株式会社 主婦と生活社
〒104-8357　東京都中央区京橋3-5-7
TEL 03-5579-9611（編集部）
TEL 03-3563-5121（販売部）
TEL 03-3563-5125（生産部）
https://www.shufu.co.jp
製版所　東京カラーフォト・プロセス株式会社
印刷所　大日本印刷株式会社
製本所　共同製本株式会社

ISBN978-4-391-16014-7